U0131645

智元微库
OPEN MIND

成 长 也 是 一 种 美 好

养育界限

重塑亲子关系，
让孩子自由绽放

海夫人 | 著

人民邮电出版社
北京

图书在版编目（CIP）数据

养育界限 ：重塑亲子关系，让孩子自由绽放 / 海夫
人著. -- 北京 ：人民邮电出版社，2023.11（2024.5重印）
ISBN 978-7-115-62663-9

Ⅰ．①养… Ⅱ．①海… Ⅲ．①亲子关系－家庭教育
Ⅳ．①G78

中国国家版本馆CIP数据核字(2023)第174218号

天津千鹤文化传播有限公司印刷

◆ 著　海夫人
责任编辑　陈素然
责任印制　周昇亮
◆人民邮电出版社出版发行　　北京市丰台区成寿寺路11号
邮编 100164　电子邮件 315@ptpress.com.cn
网址 https://www.ptpress.com.cn
天津千鹤文化传播有限公司印刷
◆ 开本：880×1230　1/32
印张：7.5　　　　　　　　　2023 年 11 月第 1 版
字数：150 千字　　　　　　2024 年 5 月天津第 3 次印刷

定　价：59.80 元
读者服务热线：（010）67630125　印装质量热线：（010）81055316
反盗版热线：（010）81055315
广告经营许可证：京东市监广登字20170147号

一个人要走过多少路，才能长大

做家长的你，当你的孩子不听话、不安分、注意力不集中，他这也不好、那也不行却想要很多东西时，你该怎么办？

做孩子的你，当你的父母管制你、责骂你，永远觉得你有错却觉得自己很委屈，你该怎么办？

如果你回答不了这两个问题，那么我想你该看看这本书，它将成为你的指南。

实际上，我曾经在很长一段时间内以为界限是一个有距离感的词，以为它意味着我们并不亲近，我们要拉开距离，你有你的世界，我有我的世界，我们各司其职、各在一方，却也能相亲相爱、安然度过。这与我所理解的亲子关系是不同的，我一度以为血缘，就意味着父母可以控制子女，为所欲为，子女只能压抑自我，顶着孝顺，揣着委屈。

　　而这本《养育界限》则是站在一个不偏向家长也不偏向孩子的角度上，提出生活中时时处处存在又实实在在难解的难题，告诉我们如何找到爱的途径，维持好亲子关系天平的平衡。

　　比如，书中提到，孩子不想去学校该怎么办，我就曾经是那个不想去学校的孩子。海夫人提出，在孩子头脑中，存在着"不想去学校"和"不去学校是不对的"两种矛盾的思想。我不禁感慨，她就像钻进我的脑袋中看到了一样。而家长要"看见"孩子，接纳孩子，才能知道如何给予孩子支持和帮助，而非一味责怪孩子。这里的界限，是一种保护。

　　再比如，有一个家长问了关于孩子拖延的问题，海夫人一针见血地指出，这是家长干预孩子太多，孩子在用这种方式反抗。

　　书中说"人天生就具有自主性和内动力，这二者就像饥饿和干渴，属于人的本能。然而并不是所有人都能幸运地拥有足够的成长权、体验权和空间权，让自主性、内动力自然生长。如果养育者没有界限意识，'常驻'在属于孩子的空间里，侵害或者剥夺孩子的体验权和成长权，那么原本与生俱来的自主性、内动力会慢慢折损、消耗甚至消失"。

　　对这一段分析我认同，因为我就是一个拖延者，直到今天，我依然无法摆脱父母的期待和干预，在他们的期待无法达成时，我也在用拖延这个方法去应付。海夫人在这里再次提出了要明确界限，要给孩子爱和自由，这里的界限，是放手。

　　在这本书里，表面上提问的是家长，一个个无助的家长，不知道该怎么养育孩子，在左和右、黑和白、这样和那样等世间种种天平中，难以平衡。而我在这本书里看到的则是一个个孤立无援的孩子，他们只能像一个空空的口袋，等待被家长的情绪填满。

海夫人告诉我们：妈妈要做家里情绪的定海神针，告诉我们："事实"在哪里，边界就在哪里。这是一种中正、理性、明智的教养方式。

海夫人还一再强调，不需要用情绪去左右言行举止，而应该看到事实，中正、客观地与孩子商量。在这里，坚守边界也是能力，是一种内观、自律、自省的能力。

这些能力何其重要，又何其难以获得。我已经是一个成年人，但我时常以孩子的内心和视角去度量大人的世界。在我看来，有的家长刻薄又自私，情绪反复无常又爱推卸责任，他们把生活的沉重转嫁到孩子头上，逼孩子接受大人的愤怒、无助和狭隘，使孩子怀着各种痛苦长大。这些孩子再成为同样的家长，代代重复。

是时候终结这一切了，是时候有一本父母的指南出现了。

这个时候，恭喜你，找到了海夫人的书。它并不仅仅是一本指导父母如何做父母的手册，也不仅仅是一本亲子问题合集，它还是一条抵达爱与包容的道路。让你在这条道路上找到家长与孩子之间一个刚刚好的距离。

"界限"怎么会是冷冰冰的隔膜？界限分明是真理。

鲍勃·迪伦说："一个人要走多少路，别人才能把他称为人。"而我想把它改为"一个人要走多少路，才能长大。"

长大是一种微妙的奇迹，因为内在小孩那么脆弱、柔软，那么容易步入歧途又容易受伤，请你慎重地选择成为父母——这真的是世界上责任最重大的工作之一。

好了，现在，恭喜你，找到了这本指南，拿着它，向前吧。

于潇湉

2023 年 10 月 19 日

于潇湉，中国作家协会会员，青岛市作家协会签约作家，青岛市作家协会理事，青岛文联第二、三届签约作家，其作品曾入选中宣部重点主题出版物、国家出版基金、丝路书香工程。曾获桂冠童书奖、冰心儿童文学奖、青铜葵花奖、泰山文艺奖等奖项。代表作《深蓝色的七千米》《鲸鱼是楼下的海》《海上漂来你的信》等。

长篇小说《鲸鱼是楼下的海》获第二届"青铜葵花儿童小说奖"之"铜葵花奖"。

没有界限的爱，就是对孩子生命的入侵

在生活中，我们常常有很多的担心与烦恼。

我们察言观色，担心是不是自己某句话说得不好，惹对方生气了；

我们感到烦恼，为什么另一半无法成为我们想要的模样，也因此质疑对方的爱；

当对方不认可我们的建议时，我们会觉得好像自己整个人都被否定了。

在养育孩子的过程中，我们也有各种负面情绪与困扰。

当孩子情绪失控、大哭大闹时，我们会很着急，用各种方法想要哄好他；

孩子学习不自觉时，我们软硬兼施，只为让他听话主动；

我们总试图帮孩子解决问题，却发现孩子越来越没有主见与想法。

所有这些困扰，其实都因为我们"界限不清"。

界限不清，让我们与他人的关系陷入"纠缠"之中。在关系中，我们总会揣测他人，内心渐生不安、牺牲感、被辜负感等种种感受，导致自己产生无休止的情绪内耗。

一旦我们将"界限不清"带入养育事务，我们就容易"做得越多，错得越多"，我们疲惫不堪，孩子也丧失了生命的体验权与自主权，无法主动展开人生，释放潜能。

养育中很典型的例子就是在父母陪孩子学习的过程中，往往父母管控得越多，孩子的内驱力越弱。我在《有边界感的妈妈，不用督促的孩子》一书中也详细论述了"父母在陪伴孩子成长的过程中，保持好边界感，不越界，清晰自己的角色定位"的重要性。

在海夫人的《养育界限》这本书中，我也看到了同样的观点，深深认同！

海夫人从很多典型的养育困扰出发，细致入微地讲到在这些情况中，养育的界限在哪里。

比如：

孩子想要买玩具，我们怎样说服孩子才是清爽又轻松的；

孩子被老师批评了，因而不喜欢老师，我们如何去区分这件事的边界；

孩子学习不自觉，我们能做的是什么，无法掌控的又是什么。

拿到这本书后，我一口气就读完了，一方面海夫人对常见育儿困扰的分析真的透彻又深入，我被深深吸引了；另一方面，我也由养育事务反思到自己在其他方面的言行，发现自己在生活中也会有各种边界不清的情况。我一边读书，一边梳理，自己也轻松、清明了不少。

我们这一代父母中少有人是在一个界限清晰的家庭里长大的，我们体会过太多界限不清带来的人际关系的困扰。我们从来无法把自己都没有的东西给孩子。所以，这本书是新时代父母都要补上的一课。

当我们更有边界感，并将之带入养育过程，我相信，不仅会让孩子在成长过程中更有内驱力、主动性，也会让他们活得更清爽、更有内在力量。

在海夫人的这本书中，不少分析、观点都让我印象非常深刻。

第一点，关于父母对孩子的过度管控，海夫人这样生动地形容：

在"共生"养育中，养育者自身处于"空心"状态（自我麻痹而进入极度麻木无感的状态），人不在自己的"房间"里，而跑到孩子的"房间"里指挥一切。一个"房间"只能有一个主人，养育者跑到孩子"房间"里，孩子没办法，只能变成"空心"才得以生存。

是啊，一些父母完全放弃了自己的人生，将全部精力、注意力都集中在孩子身上，这是极其危险的，很容易给孩子带来极大的压力，将孩子变成"提线木偶"。

第二点，当孩子不喜欢数学老师，觉得老师太凶时，海夫人建议这样与孩子沟通：

"在这件事情里，对你来说最重要的就是你自己看重什么、想要什么。你是想学好数学，还是想改变数学老师？如果你想学好数学，那就不要去评判数学老师，只要认真听课，学好数学；如果你想改变数学老师，那就是越界。……你的烦恼源自你的评判，你评判数学老师的情绪和行为，你认为数学老师不对，甚至批评数学老师的教学方式和方法。你作为一名学生，这和你的目的相左。"

海夫人的思路非常清晰！这样的引导也是在教会孩子有边界感地看待一个人，任何人、事、物都不是非黑即白的，都是有灰度的。没有人能满足我们所有的期待。而当别人无法满足我们的期待时，我们是该争对错，还是选择接受并向内检查一下自己的目的呢？如果选择接受，就去接纳一个人会有的不足；如果不接受，也不去抱怨、内耗。我们永远有选择权，只要我们敢于担当。

试想，如果我们在养育的日常生活中，就将这样的边界意识带给孩子，对孩子来说，这是他人生中多么宝贵的财富啊！

以上两点是我从书中随意的摘取，在这本书中，还有非常多的宝藏，等待你去发掘。我相信，读完之后，你一定会对"界限"这个词，有更加具体、全面的理解。

在养育中，对尺度的把握从来都是最难的，但读完这本书，你一定会对如何养育孩子这件事的认识更清晰、更笃定！

项目

2023 年 10 月 20 日

项目，自主学习力导师，父母游戏力讲师，国际鼓励咨询师，美国认证正面管教讲师。

"心妈育儿说"公众号及视频号创办者。著有《童年不缺爱：如何给孩子一生的安全感》《有边界感的妈妈，不用督促的孩子》。

第一章
边界在哪里？事实就是边界

第二章
别人怎样我不需要掌控，这就是界限

第三章
有界限才不会共生

第四章
零度共情

第五章
没有界限意识的"混乱"

第六章
有界限才有担当

边界在哪里？事实就是边界

陈述事实，事实就是边界

一位家长在群里咨询，说孩子总想买玩具，不给买就哭。这位家长不想看到孩子哭闹，不愿孩子陷入糟糕的情绪，但不知道该怎么办，因此特别纠结。海夫人建议这位家长去看海夫人的《看见才是爱》一书。

以下是一段群聊的记录。

如烟：海夫人，孩子每次经过玩具店都要买玩具，不给买就哭闹。我的解决办法是先让孩子闹，之后告诉孩子"我知道不给你买玩具你很生气，我知道的"，等孩子哭够了，再安慰他，给他解释"玩具太多了，再买就是浪费，你这样是不对的"，请问这样做对吗？

海夫人：只给孩子陈述事实就好，如果你的钱不够就直接说钱不够；你不想买就直接说不想买，如实地表达自己，而不要说教孩子"玩具太多了，再买就是浪费"，更不要评判孩子"你这样是不对的"。

孩子是否哭闹，是由孩子的年龄和心智成熟水平决定的。孩子表达的是最真实的自身状态，家长也应该真实地面对孩子，真实地表达自己，接纳孩子的真实状态，而不是高高在上地对孩子讲道理、做道德评判或站在道德制高点谴责孩子。

家长之所以无法真实地表达自己，其实就是因为边界模糊。有的家长没有界限意识，无法正确面对孩子的情绪，孩子一哭闹，家长就觉得需要对孩子的情绪负责，并想办法让孩子不哭闹，让孩子开心起来。他们因此无法引导孩子确立清晰的界限。孩子之所以胡搅蛮缠，也正是因为孩子也不知道边界在哪里。

此时，家长如果站在道德制高点谴责孩子，只会让孩子更困惑，因为孩子触碰不到真实的家长。

情绪是没有对错的，孩子在那个当下只是表达了自己的情绪，家长接纳就好。买玩具，这是孩子的想法和心愿，孩子有表达的权利。家长不想买可以明确告知孩子。"玩具太多了，再买就是浪费，你这样是不对的"，这些话并没有表达出家长自己的主张和担当。家长可以这样说："家里已经有很多玩具，妈妈不想给你买""家里有很多玩具，妈妈觉得再买就是浪费"。

孩子可以表达自己的想法，而妈妈如果不同意孩子的请求，就应该干脆、直接、明了地拒绝孩子，而不应该对孩子进行任何道德评判和谴责。

在这件小事上，这位家长本可以帮助孩子确立清晰的界限，让孩子知道事情的边界在哪儿，但是很明显，她并没有这样做。

实际上，孩子的哭闹是正常的情绪表达，妈妈只需要看到孩子的情绪，接纳孩子的情绪，允许孩子有情绪，然后尽可能及时地回应，这样就够了。不是孩子一哭闹，家长就必须为孩子的情绪负责。

来看另一个家长的分享。

白开水：我家孩子每次去超市都想买玩具，我会看情况买，不买时我会说"妈妈不想买，妈妈觉得家里玩具太多了，这种玩具你已经有很多个了。另外，这个玩具太贵了"。然后孩子就说"好吧"。

海夫人：这个家长如实地表达了自己的感受、体会和想法，而没有借此抬高自己，贬低孩子。这种方式不会打击孩子，孩子也能接受。这就是非常简单的"陈述事实，告知边界"，事实就是边界。

"妈妈不想买"，这里的主语是妈妈，表达清晰。

"妈妈觉得家里玩具太多了"，这是妈妈的感受，妈妈把这个真实感受告诉孩子即可。

有的家长会继续追问。

美美：请教海夫人，如果自己的真实想法就是"家里玩具太多了，再买就是浪费"呢？是不是说"浪费"就是在评判孩子的行为？说"家里玩具太多了"属于表达自己的感受吗？

海夫人：家长只要如实表达自己的感受、体会和想法，不评判孩子，就不会伤害孩子。

"再买就是浪费"，这是妈妈的想法（头脑里的标准），如果这样表达要明确这是指自己的想法，可以说"家里已经有很多玩具，妈妈觉得再买就是浪费"。这个"浪费"的想法不是针对孩子，而是妈妈基于当下的事实说出的想法。

如果家长能够做到只陈述事实，而不是讲大道理、说教，或借此进行道德教育、从道德层面评判孩子，那么孩子很容易在家长陈述事实的过程中知道边界在哪儿，从而慢慢建立界限意识。

陈述事实，告知事实，事实就是边界。

孩子不想上学，怎么办

一个孩子不想上学，家长问我怎么办。

正义：海夫人，孩子不愿意去学校，总是说在学校找不到学习乐趣。他每天走到校门口都很犹豫，他知道不去学校是不对的，去学校自己又难受。我问他为什么难受，他也说不出自己难受的原因。海夫人，孩子想休学，我是应该引导他去上学呢，还是应该顺应他的想法？

从家长的讲述中我们可以了解到孩子的具体情况。

"孩子不愿意去学校"，可能孩子在学校融入集体方面的情况不好，可能孩子和同学的关系不友好，没有亲密伙伴，所以在学校比较孤独、寂寞。

孩子"总是说在学校找不到学习乐趣"，可能是因为学习成绩不佳，没有得到老师认可，缺乏学习的积极性和主动性。

在学校孤独、寂寞，学习不好，又得不到老师和同学的回应和认可，这些是这个孩子当下面对的事实。

在任何时候，我们对当下都要接纳，因为当下的事实也是具体的结果，已经真实存在，并非想象。

当下就是事实，事实就是边界

孩子不愿意去学校，走到校门口就陷入犹豫，这个时候如果孩子有清晰的自我觉察，知道边界在哪里，就不会马上陷入"我知道不去学校是不对的"这样的想法。

头脑里的想法在这个时候出现，表面看是给出指令并解决问题，但实际上呢？

孩子的真实感受是"不想去"，但是头脑给出的指令是"不去学校是不对的"。头脑指令和真实感受的矛盾，让孩子很快陷入纠结，有不少孩子就是在这种头脑指令和真实感受的矛盾中纠结、惶恐、疑惑，甚至最后出现心理问题。

家长让孩子不要想那么多，孩子觉得控制不了，并总也说不出自己难受的原因。

孩子当然不知道自己怎么就这样了。

孩子第一次表达自己不想去学校，在学校找不到学习乐趣时，家长很可能并未真正"看见"孩子，只是说教："不去学校上学怎么行呢？不上学将来怎么办？"

这些说教的言辞无论讲得多么好，都只是家长自己头脑中的认知、标准和想法，而不是对孩子当下真实情况的有效分析与建议。

如果孩子第一次在家长面前表达自己的感受、体会和想法时，家长能够"看见"孩子，才有可能接纳当下那个真实的孩子，才有可能认同孩子的行为表现，然后才有可能做出有效回应。家长认真倾听孩子，了解孩子不想去学校的具体原因，知道孩子需要哪些帮助和支持，这样家长才能知道该如何帮助和引导孩子面对问题。

相对于给孩子具体的帮助和支持，家长沉浸于想当然的说教要容易得多，而且这种想当然的说教，也能让家长陷入自恋的飘飘然中——"看，我是多好的家长，教育孩子一刻不耽误"。

孩子不想去学校，这是当下的事实，事实就是边界，家长面对事实即可，主动"看见"孩子，了解孩子不想去学校的真实原因，并与孩子沟通交流，尽可能解决。

家长如果对当下的事实置之不理，会很快陷入想当然地说教的思维模式，即围绕不去上学这件事否定或评判孩子，从当下的不去上学联想到多年后找不到工作。

这种说教只会增加孩子的焦虑、惶恐，并不能给孩子提供实质性帮助。这种焦虑、惶恐如果一直持续，得不到改善，这个孩子接下来可能会产生心理问题。

如何让孩子学会基本的礼仪

如何让孩子学会基本的礼仪，告知事实胜过无数说教

以下是一段群聊的记录。

辽宁 7 岁男孩的家长：我有个疑问，我们要教给孩子基本的规矩礼仪，比如孩子去别人家做客，我们事先告诉孩子不能到别人家床上玩，但如果孩子上床玩了，不应该严厉责备吗？

深圳 10 岁女孩的妈妈：如果是我的床，我不介意孩子在上面玩，我会说"没关系，去玩吧，乱了妈妈愿意再去整理"；如果是奶奶的床，我会告诉孩子，奶奶不喜欢别人弄乱她的床，她喜欢整齐，太乱或者有一点儿脏污都会让奶奶感觉不舒服；如果是别人家的床，我会告诉孩子要经过他人的允许才能到床上玩，很多人不喜欢别人随意动自己的私人物品。我不会只告诉孩子不允许上床玩，而会告诉他事实。告诉孩子事实，他自然会有自己的判断。这里没有责备，也没有评判，就告诉孩子这样的事实即可。

湖北果果妈妈：界限清晰、直接简明地陈述事实，孩子反而更能理解和接受，太多高高在上的说教只会增加孩子的困惑、矛盾和对抗意识。

海夫人：如实地告知孩子事实，胜过无数说教，事实就是边界。

让孩子看到事实，比告诉孩子对错重要

上海 8 岁男孩的家长：我和姐姐一家去公园游玩。公园的水池里有很多小孩子玩水枪，有的孩子会淘气地用水枪喷射别人。我的孩子看到有个女孩一直拿水枪朝他弟弟喷射，他很生气地拿起弟弟的水枪对着女孩连续喷射好多次。于是，我就很自然地站在他们中间，让孩子对着天空喷射，我不知道自己这样处理是否正确，我只知道如果我不去干预，那么我家孩子可能会继续对着女孩喷射。

海夫人：你做得很好，没有对孩子进行任何说教，只是做了一个合适的举动，提醒孩子事实，让孩子看到事实，觉察到事实，这胜过无数说教。

让孩子看到事实，觉察事实，比告诉孩子对错重要。

孩子为何干什么都拖延

孩子为何干什么都拖延

零打碎敲：海夫人，您好！我孩子的问题是比较拖拉，比如早上起床，我们已经帮他穿好上衣，让他自己穿裤子，他会躺在床上磨蹭十多分钟，如果不提醒他还会继续磨蹭。为了锻炼他的自主能动性，我们在假期就任由他自己做事，但开学后时间紧张，我们只能再帮着他做。他其实有能力快速做事，有一次他为了和哥哥玩，穿衣服的速度让我们大吃一惊。现在我想知道怎样能改正孩子拖拉的坏习惯？期待您的回复。

海夫人：拖延是孩子潜意识的反抗，表明家长介入孩子的事情太多了。

家长没有界限意识，频繁越界，把孩子的事情当成自己的事情去安排、管理或规划，这会削弱孩子的积极性。在孩子看来，这件事情不是自己的事情，而是爸爸妈妈的事情。既然不是他的事情，那他急什么呢？爸爸妈妈自然会着急，结果就是家长催一下，孩子动一下，不催就不动。

如果家长介入孩子的事情太多，家长和孩子之间就像"共生"，长期如此，孩子就没了积极性和主动性。

人天生就具有自主性和内动力，这二者就像饥饿和干渴，属于人的本能。然而并不是所有人都能幸运地拥有足够的成长权、体验权和空间权，让自主性、内驱力自然生长。如果家长没有界限意识，"常驻"在属于孩子的空间里，就会侵害、剥夺孩子的体验权和成长权，孩子与生俱来的自主性、内驱力就会被慢慢磨灭。

孩子不是一出生就倾向拖延的，而是家长错误的养育方式导致了这样的结果。这样的家长需要深度自我觉察，明确界限，给孩子爱和自由。如果继续用原来的方式和孩子相处，那么孩子的拖延情况便会持续，甚至可能会越来越严重。

孩子总跟我告爸爸的状

辽宁 7 岁男孩的妈妈：我想请教一个问题，我的孩子总跟我告爸爸的状。比如，当我丈夫睡觉时，在旁边玩耍的孩子不小心踩到了他的头发，他因为疼就推了孩子一下，孩子很生气地找到我，让我批评爸爸；又比如，爸爸和孩子去超市，孩子要买香肠，爸爸认为家里还有香肠，就不会让他买。孩子这时会哭闹，爸爸也有坏情绪，最终他俩就气呼呼地回家了，孩子回来后跟我告状，说爸爸不让他买香肠，让我批评爸爸。而我并不想评判，这时我就会回应孩子"啊，这样啊"。请问有没有更合适的说法？

海夫人：爸爸睡觉了，孩子就需要到外面去玩，比如客厅，而不是在卧室打扰爸爸。这件事我们需要明确地告诉孩子，即尽量不要妨碍别人休息。爸爸在睡觉，这是事实，事实就是界限。家长要知道引导孩子看到事实，孩子慢慢就明白什么是界限了。

　　到超市买东西，孩子可以提出买什么，爸爸也可以拒绝，这都没有问题。

　　孩子有坏情绪，回来告诉你，你"看见"并接纳孩子的坏情绪，然后回应他就可以了。比如你可以重复孩子的表达，"你想买香肠，爸爸觉得家里还有，就没给买，你有点儿不高兴"。这件事没有对错，之所以孩子向你告状，让你批评爸爸，是因为他认为爸爸做得不对。你可以告诉孩子，爸爸是站在他自己的立场上认为家里不需要买香肠。

　　孩子提出买香肠，爸爸拒绝，两个人都闹情绪，这都正常。回到家，妈妈需要看见、接纳、安抚他们。

　　妈妈是情绪的定海神针，只要妈妈界限意识清晰，知道边界在哪里，就知道情绪是情绪，事情是事情，不能混淆二者。妈妈不纠结，孩子自然就知道界限在哪儿，也不会再胡搅蛮缠。

孩子经常提要求，满足还是不满足

没有界限，进入混乱

安妮：孩子并没有哭闹，只是要父母给自己拿这个、拿那个，买这个、买那个，家长及时满足了孩子，这算不算溺爱？我既担心孩子还小，不知道对错，不及时满足他们会带来不良影响，所以他们想买什么我们基本都会满足他们，也担心如果以后满足不了孩子，他们会想不开。虽然孩子是独立的个体，但是有时候我还是会忍不住评判他们。最近我家老大情绪不好，她一直拿手机玩游戏玩个不停，我提醒她注意保护眼睛，她对我说"你闭嘴"，这让我特别焦虑。

海夫人：家长自身的能力、自身的状态会令家长无力应对孩子的种种情况。

其一，孩子要求父母帮忙拿这个、拿那个，买这个、买那个，这属于孩子的权利和界限；家长把孩子的要求当成自己的，且认为自己必须完成，这就是家长自身没有界限意识。

孩子提要求，这个要求不需要被人评判，也没有对错之分；而家长是否有能力满足，是否发自内心地愿意满足，才决定了家长的界限。对于孩子的要求，如果家长有能力满足，那就爽快地答应（不是虚假迎合）；如果家长没有能力满足或不愿意满足，那就直接告知孩子"妈妈现在不想这样做"或"妈妈没有这么多钱"。家长向孩子表达自己的感受和想法时，要采用正面的方式，而不是用批评或评判的方式，比如"你这个孩子怎么这样，总是指挥妈妈做事，这样真不好"或"你这个孩子怎么总是要买东西，浪费钱"。

其二，家长担心孩子小，不知道对错，孩子想买什么都满足他们；还担心万一以后不能满足，孩子会想不开，这是一种很经典的头脑想象，家长通过想象去构思未来的场景，而这并不是当下的事实。如果家长经常进行心理暗示，并在行为上主动引导，那么将来孩子是有可能变成这样的。家长缺少界限意识，无法自我觉察，无法分清当下事实和头脑想象，这种扭曲的状态让家长很难活在当下。他们要么懊悔昨天，要么担忧明天，将心思和精力全耗在已经过去的昨天和尚未到来的明天。他们没有力气面对当下，又怎能引导孩子活好当下呢？

其三，孩子玩手机，家长经常提醒孩子注意保护眼睛，孩子很烦，会对家长说"闭嘴"。

孩子之所以特别"宅"，玩手机游戏成瘾，很可能另有原因。一个人在现实生活中有所缺乏，往往就要通过其他方式获得补偿。玩游戏属于机械性的重复活动，虽然孩子置身于虚拟世界，但是从中获得的自主性（我想干什么就干什么）、成就感（通关、升级获得游戏币等奖励）和荣誉感（其他人的称赞）等感受全部是真实的。人们在现实生活中越缺乏什么，就越需要到虚拟世界中去获得它，这是一种补偿需要。

　　家长为何会陷入一些混乱的局面？很简单，家长自身界限意识模糊，区分不清楚想法、情绪和事实，不知道它们之间的区别和界限在哪儿，就会越搅越乱，而越乱便越觉得复杂。

　　家长边界不清，混淆事实和情绪，理也理不清。

　　家长边界不清，把对将来的想象当成既定的事实，徒增焦虑。

　　家长边界不清，越界管控孩子，以为仅靠说教就能教育、引导孩子。

"我不小心把复习试卷弄丢了"

以下是家长反馈的一件事情。

女儿把复习试卷弄丢了，于是她写了一张纸条向老师说明情况。纸条上写着："老师，我不小心把复习试卷弄丢了，我对不起老师，我错了……"

家长看了纸条后问女儿："你把自己的试卷丢了，怎么对不起老师了？你要自己面对并承担这个后果，如果需要重写一份，那你就借其他同学的试卷抄一份，你并没有对不起老师。"

女儿重新写了一张纸条，纸条上写着："老师，我不小心把复习试卷弄丢了，我自己承担这个后果，如果需要，我可以重新抄一份补上。"

老师看了纸条后，对家长（同是一个学校的老师）说："看，你女儿说的和其他孩子不一样，真不错。"

有了界限意识，了解了区分情绪，才知道如何引导孩子。

目前，多数家长还没有这个意识。这位家长以前也根本不知道什么是界限意识，不知道怎样区分情绪而不被情绪绑架。自从孩子出了问题，她痛定思痛，不断地自我成长，现在她认为自己清醒了，整个人的状态比从前好了很多。

分清界限，区分情绪

大家对孩子在学校怕老师的情况肯定不陌生，有时候老师批评其他孩子，自己的孩子都会很害怕。

为何会这样呢？这就是界限模糊，情绪相互绑架的结果。

如果孩子所处的家庭氛围也是这样的，比如家长不高兴会责怪孩子，家长没有做好某件事情会埋怨身边的人，那么这个孩子在外面，比如在学校，就算孩子没做错什么，看见老师不高兴，他也会紧张。

要告诉孩子，老师不高兴，那是老师自己没控制好自己的情绪，成年人需要为自己的情绪负责。你的情绪是你的情绪，我的情绪是我的情绪，我不需要为你的情绪负责，你也不要为我的情绪买单。情绪之间的界限就是：看见、接纳、允许和尽可能回应，同时不需要为别人的情绪负责。

当孩子自己没做好某件事情时，他会习惯性地埋怨身边的人。埋怨就是因为属于自己的事情自己没有做好，而头脑却进行虚构，"这不是我的错、我的责任，都怪别人，没有做好是别人造成的"。有界限才有担当；没有界限，担当自然也会消失。

如何区分及时满足和溺爱

如何区分及时满足和溺爱

如何区分及时满足和溺爱呢？很简单，看看给予中有没有界限。

如果家长有界限意识，知道边界在哪儿，就会很清楚什么是"看见"、接纳，然后及时回应；如果家长和孩子都没有界限意识，边界模糊，那么家长很容易溺爱孩子。溺爱属于共生状态，没有界限，比较容易出现不分你我的状况：家长会把孩子的需求视为自己的，会想方设法去满足，否则就会寝食难安。

有一种观点认为，溺爱满足的其实是养育者的"内在小孩"。

武志红老师对溺爱有过一段论述，他提出了一个观点，即溺爱孩子的父母并不是简单地爱孩子，而是在爱的过程中，把自己的"内在小孩"投射到孩子身上。从表面上看，他们是在爱孩子，实际是他们在通过溺爱孩子来满足自己。

充分的爱和溺爱的区别

真实地"看见"、接纳、允许孩子，然后及时回应，就能让孩子从这个过程中得到充分的爱（看见才是爱），这种被及时满足的充分的爱和溺爱的区别在哪里呢？

下面举个例子。

一个孩子在哭，哭得很伤心，家长看见孩子哭，就过来陪伴孩子。

家长看到一个事实：孩子在哭，孩子伤心难过。

家长看到了真实的孩子，那一刻连接到的是孩子当下自然而真实的状态，后面就能接纳真实的孩子。家长从能够接纳真实的孩子的那一刻起，必然会允许孩子表达真实的情绪。孩子难过时用哭表达情绪很正常。家长耐心地陪伴孩子，允许孩子哭泣，同时让孩子感受到家长知道他难过。只要家长的内心是容纳和打开的状态，那么孩子接收到的信号就是"我怎样都是被允许的"，孩子就会哭得很自然。他们哭完想倾诉时会向家长倾诉，不想倾诉时会破涕一笑，继续做自己想做的事情。

整个过程自然流畅，家长没有非要改变孩子的想法，没有非要孩子停止哭泣并马上做一个乖孩子。家长稳稳地守着边界，同时传递给孩子的信息是：你难受时想哭就哭一会儿，没关系，什么时候想倾诉，爸爸妈妈就在这里陪着你。

满足了孩子的需求，回应了孩子的情绪，也给予了孩子爱（看见才是爱）。

那么溺爱是怎样的呢？一个孩子哭得很伤心，家长赶过来不停地说：

"宝贝怎么了？别哭了，快告诉妈妈怎么了。"

孩子只是哭，在这个时候哭是必须的，他就是想哭。

家长无法面对孩子哭。孩子哭，家长急；孩子越哭，家长越焦虑。家长拼命安慰孩子："宝贝快别哭了，只要你不哭，你有什么要求我都答应你。"

家长错误地理解情绪，孩子的情绪成了家长的情绪，家长觉得"这么哭怎么行呢"，所以竭力劝阻孩子："宝贝别哭了，快说，是谁欺负你了，妈妈找他去。"

经过家长的"不懈努力"，猜测、劝慰、关心和承诺后，孩子不哭了。孩子得到家长无数的保证，本来没什么事情，孩子只是难过想哭，现在孩子知道，自己的哭原来这么有用，可以让爸爸妈妈替自己做许多事情。

溺爱里面没有界限，父母不知道如何区分你我，不知道孩子和家长是独立的两个人。独立的人就要有自我担当，比如对自己的情绪负责，而给予家人最重要的是爱（看见才是爱）。即便是家人也不能为对方的情绪买单，更不要为对方的情绪负责。

溺爱里面没有清晰的界限意识，父母更多的是围着孩子转，为孩子服务。

溺爱和共生的后果就是孩子没有担当，做事任性。在这样的养育方式下成长的孩子没有界限意识，很容易把一些事情办得一塌糊涂。

孩子为何只能看到自己的需求

家长委曲求全，养育得一塌糊涂

安全：我的孩子只看到自己的需求，无视别人的需求和意见，甚至很排斥。以前多数时候我都"委曲求全"，按她的需求来做，而现在通过反思，我也开始拒绝她的不合理要求了，我这样做对吗？

海夫人：家长提出问题的同时，其实自己已经给出了答案。

家长提出的问题是：孩子只能看到自己的需求，无视别人的需求和意见，甚至很排斥。

家长给出的答案是：以前多数时候我都"委曲求全"，按她的需求来做。

为何"孩子只看到自己的需求，无视别人的需求和意见，甚至很排斥"？

孩子在心理层面还未分化，也就是没有客体意识，只有自体意识。

他们只能看到自己，看不到别人。当一个孩子无法区分自己和母亲，无法区分他人和自己时，自然也无法区分他人和母亲。一个孩子要拥有健康、完整的自我意识（健康自体），最初靠的是养育者对自己的照顾与回应。从孩子的婴儿期开始，如果养育者身心健康，有能力"看见"孩子（看见才是爱），能及时回应孩子且界限意识清晰，那么养育者就起到了非常好的客体功能，孩子就能在这种健康的亲密关系中构建出好的自体。

一个人出生后最重要的自体构建建立在与客体（养育者）高质量的关系之上。如果养育者的自体情况糟糕，无法良好地发挥客体的功能，那么孩子自然无法拥有独立且完善的自体功能。

出现在孩子心理层面的未分化的情况（只有自体意识，没有客体意识）源自养育者对孩子的养育方式，即养育者和孩子共生。共生就是养育者和孩子是融合的，没有分化，没有界限意识，你是我的，我是你的。

在这个个例中，养育者在养育过程中使用委曲求全的方式，就是没有界限意识的体现。这种委曲求全的养育方式会让养育者将孩子养育得一塌糊涂，不仅导致孩子没法触碰真实的养育者，也无法让孩子知道边界在哪儿。如果边界模糊或边界消失，孩子在心理层面上就没有能力自己区别或分化出边界。更糟糕的是，此时孩子始终得不到高质量的回应，养育者的"委曲求全"并不是养育者真的"看见"孩子、接纳孩子、懂得孩子，养育者并没有在此基础上发自内心地给出真实、有效的回应。

比如孩子喊"妈妈帮我穿衣服"，妈妈心里很不乐意，却依着孩子的要求去做。有的妈妈甚至会边帮孩子穿衣服边生气地说："你都多大了，还要妈妈帮忙穿衣服。"

比如孩子说："妈妈，我想吃苹果。"妈妈回应说："吃香蕉吧，香蕉更有营养。"

这种让孩子"委曲求全"的回应，自然无法让家长和孩子之间形成心理层面上的有效连接。

养育者为何会用"委曲求全"的方式？无非是怕孩子不高兴或"看不见"孩子（看不见真实的孩子，只能看到自己和自己的想法），他们想对孩子的情绪负责，而这种意识本身就是处于共生状态中才会有的。

养育者"委曲求全"所表达的并非爱，给孩子传递的也不是爱，那只是养育者自身最真实的状态，他们没有足够的爱的能力。养育者之所以会这样，是因为他们自身也有一个糟糕的自体客体①（内在父母），养育者自身的自体构建得并不好，他们只能看到自己，"看不见"真实的孩子（客体），自然无法有效地回应孩子。

"孩子只看到自己的需求，无视别人的需求和意见，甚至很排斥。"这种表现反映的正是养育者和孩子的关系模式：养育者只能看到自己的需求，而无视孩子的需求和意见，甚至很排斥。

家长应如何面对

家长不必"委曲求全"，也不用拒绝孩子的"不合理"要求，只需正

---

① 把他人当成自己的一部分来使用，自己借着他人满足自体的需要，没有把他人的体验感受和自己分离，没有认识到他人是和自己一样是完全独立的人。这里的他人就是自己的自体客体。

面拒绝自己无法做到或不想去做的事。

家长拒绝孩子的"不合理"要求，说明家长对孩子的要求做了评判，评判即伤害。情绪没有对错，情绪是用来表达的，情绪需要的是被看见而不是被评判。要求也是如此，要求是最直接的表达，要求只需要被看见而不需要被评判。家长看见要求后，做出合理的回应，能满足的满足，无法满足的正面拒绝。

孩子任性时是在探索边界，同时渴望爱。当孩子提出要求时，家长如实回应就好，不评判、不套概念、不说对错，只回应。在那个当下，家长不想满足孩子，就直接告知孩子"我现在不想这么做"。

陈述事实，胜过讲述千百条道理。告知孩子事实的主体是家长，家长要明确界限，不要立刻责备孩子"你怎么这么不懂事，想累死我啊"，更不要表面迎合孩子，给孩子呈现一个虚假的完美形象。

有的家长总是把"坏的自我"投射给孩子

有的家长总是把"坏的自我"投射给孩子

冰妈：有的家长总是把"坏的自我"投射给孩子，而只看到自身"好的自我"。家长会在孩子身上发现无数问题，却不能看到自身的问题。

昨天我和儿子散步时，看见一个小女孩想买一个自己喜欢的球，她妈妈不停地和她强调家里已经有这样的球了，不能再买了。小女孩似乎非常喜欢那个球，坐在地上伤心地哭。她妈妈看不到孩子的伤心，只是很着急地不停地说"家里已经有这样的球了"。后来孩子爸爸来了，他说了同样的话，并强行把孩子抱走了。

我儿子看到后很疑惑："为什么家里有一个球就不能再买一个？我家里有很多变形金刚，可是我妈妈还会给我买喜欢的变形金刚。"

看到这个妈妈，我似乎看到了从前的自己。以前孩子要买家里已经有的类似玩具时，我也会不管孩子的心情如何，一味想着怎么说服孩子不再买重复的玩具。

儿子现在很幸运，至少他喜欢的东西，我会无条件地支持。

5 岁男孩的爸爸：那也不能一味迁就，一直买下去吧，冰妈？

冰妈：不是一味迁就。我们可以真实地看见自己，也真实地看见孩子。孩子喜欢的，我有能力给他买，就给他买。我觉得太贵不能承受的，我就会对孩子说："你超级喜欢这个玩具对不对？真好，但妈妈舍不得花这么多钱，下次在其他店看到便宜的或在网店找到类似的，妈妈就给你买。妈妈以后会多存点钱再给你买。"现在，我的孩子从来不会乱买玩具，只买他喜欢的变形金刚，我送他其他玩具，他也不会要。他内心没有匮乏感，对自己想要的东西非常明确，并且知道喜欢的东西即使今天不能买，以后也可以想办法买到。

我发现反而是没被满足的孩子总会见到什么玩具都想要，不管是不是真的感兴趣，他们都会哭闹着要。我觉得这是内心的匮乏感造成的，孩子以往没被满足的愿望一直在内心累积，见到有些吸引力的玩具时，一旦家长拒绝购买，就激起了他们以往没被满足的痛苦感。永远无法被满足是内心长期的匮乏感造成的。

我多数时候能满足孩子的意愿，如果实在超出我的能力范围，我会如实和孩子解释我能力有限。

为什么总要让孩子失去希望而对家长让步呢？家长这是为了培养孩子拥有"习得性无助"吗？让一个孩子对世界慢慢绝望，变得无比乖巧、没有活力，再也没能力给家长制造麻烦，这就是家长对孩子的期待和爱吗？

很多时候，所谓的"乖"是孩子为了求生存，放弃自我意志，顺从家长意志；或是孩子已经无力挣扎，苟且生存。

不指责，实事求是。尊重自己，也尊重孩子，满足孩子的基础需求，就是保持自己的界限。

关于什么是不合理的要求，这真的很难给出标准。对一些人来说，给孩子一天买一个玩具是合理的；而对另一些人来说，一个月买一个玩具才是合理的。对孩子来说，标准就是去琢磨大人那难以猜测的心思。没有不合理的情绪，也没有不合理的要求。情绪没有对错，要求也一样，只是看你愿不愿意满足。

海夫人：冰妈为何在面对孩子买喜欢的玩具这件事情上能够如此简单、干脆、直接地面对，而没有拖泥带水，没有任何头脑想象、评判，没有把标准和是非观等混在一起？很简单，她在面对孩子喜欢玩具这件事情上，界限感清晰。这个清晰的界限感，让冰妈能够区分事实和情绪。

冰妈在那个当下既能够看到孩子的情绪，也能够看到事实。孩子的情绪就是非常喜欢这个玩具，而当下的事实就是家长是否愿意给孩子买。

这是很简单的一件事情，许多家长却掉进了"坑"，拼命对孩子说教，比如"家里已经有一个，不买了"。这句话里没有主语，缺少主语就模糊了边界。"不买了"这个主张是谁的呢？如果家长说："妈妈认为家里已经有了一个，不需要再买了。"这样的表达会因为有了主语而让边界清晰：这是妈妈对这件事情的看法以及妈妈的意愿。

只有家长有勇气界限清晰地表达自己对事情的看法，孩子才能做出相应的表达，而不是像冰妈看到的那个孩子那样，只是抱着球哭，不知道说什么，或者不知道该怎么反驳家长那缺少主语的话。

脾气是一个人最基本的边界

孩子没脾气

我接触过这样一个咨询个例：男孩7岁，刚上小学一年级。男孩5岁时有抽动症的表现，且症状反反复复，之后症状越来越严重，身体动作频繁，还会发出怪声。

这个男孩是家里的长子，他还有两个双胞胎妹妹。男孩的爸爸妈妈自主创业，这是一个非常努力的家庭。

父母对这个男孩寄予厚望，让他学了很多课外课程。他被严格要求：要懂礼貌、要优秀、要上进、要爱妹妹……

男孩出现抽动症状后，妈妈并没有警醒，反而变得更烦恼和焦虑。妈妈不明白：两个妹妹都很好，哥哥怎么就这样了？直到男孩7岁时，这位妈妈看到了我的文章，才停掉了男孩所有的课外班，改变了对他的态度，但是孩子的症状依旧非常严重。

我和这位妈妈聊过后，才知道这个7岁男孩的压力有多大。这个男孩没有脾气，对谁都很好；他有礼貌，也从来不拒绝任何人。

脾气是一个人最基本的边界

这个男孩没有脾气，而脾气是一个人最基本的边界。

在前期的养育中，这个男孩在诸多严格的要求和管控下失去了攻击性，也不会主动表达，更没有能够让他自我防御的边界（界限）。

这个男孩从不拒绝任何人，他是别人眼中绝对的好人。无论遇到什么事情，他都只有一个选择，那就是自己慢慢消化、吸收。

当我把这些告诉男孩妈妈时，她哭了。

妈妈说孩子从小就非常听话。家长怎么说，他就怎么做，从未拒绝过，也没有表达过自己是否喜欢这样做。

在学校，任何同学都可以找他，大家好像都很喜欢他。男同学可以随意拿他的东西，女同学可以拥抱他、亲他。这些妈妈都见过，妈妈也问过他喜不喜欢那些女孩，告诉他如果不喜欢是可以拒绝的。他只是笑笑，说不喜欢。

老师也认为这个孩子脾气太好了，别人和他在一起怎样都可以。

妈妈越说越难过，孩子确实压抑，每天看着他那么辛苦，她也心疼。

妈妈哭着说以前对他要求太高、太严，而对他的两个妹妹就不这样。两个妹妹性格活泼开朗，敢表达、敢发脾气、敢闹，但是哥哥不会这样。

边界就是最基本的自我防御

一个没有脾气的人，犹如一个没有边界的人，任何人随时想越界就越界。

别人（任何人）想越界就越界，不会令人难过吗？当然会，这个7岁男孩就"用"抽动的方式表达了自己的感受，他痛苦、压抑、不舒服，他无法用其他方式表达，为了自救，他的身体自动替他选择了抽动的方式进行自我释放与平衡。

如果他能在有需要时畅快淋漓地表达需求，生气时理直气壮地发脾气，那么他就宣示了自己的边界，并捍卫了自己的权利。

边界是一个人最基本的自我防御，有边界，一个人才真正有自己的空间和自由。

活在头脑标准里的"空心"妈妈

一件往事

一次初夏的休息日，天气不错，我早早起床并兴致勃勃地告诉儿子："今天天气真好，妈妈带你到公园去玩。"

3岁的儿子刚醒来就听到这个好消息，自然很高兴。

吃完早餐，收拾好，我们就出发了。公园离我们家不远，坐公交只有两站地，如果带着孩子慢慢走过去，大概需要30多分钟。

我带着儿子愉快地离开家，牵着儿子的小手，一起步行去公园。可能因为内心激动和对公园的期待，儿子在去公园的路上昂首阔步，表现非常好。

在公园里，儿子也很兴奋，他玩了蹦床、小火车、旋转木马和小飞机。到了中午，我告诉儿子要回家吃午饭、休息。

初夏时节，早晚凉爽，但中午的太阳还是炙热的。

在从公园回家的路上，小家伙走着走着就停下来，小手一举："妈妈，抱！"

孩子玩了一上午，肯定累了，他这个时候要求妈妈抱，也合情合理。

很遗憾，这些想法是我后来才意识到的。当时，我只是一个活在头脑标准里的"空心"妈妈，根本看不到当下的事实。

当儿子让我抱时，我立刻皱起眉头。我想到的是：这么近的路还要抱，他真懒，自己的路要自己走，总抱着，以后怎么办？

毫无疑问，在那个当下，我陷入了头脑标准，陷入想象或者说由头脑思维模式（简称"头脑控"）主导的剧情，那个剧情会从当下往后延伸："总抱着，以后怎么办？"我混淆了当下事实和头脑中的想象，模糊了二者的边界。这让原本简单的事变得很复杂。

我推开儿子，冷漠地说："自己走。"说完，我大步向前走，头也没回。

那个时候，我应该停下来，蹲下去看着儿子的眼睛告诉他："你玩了一上午，妈妈知道你很累，只是妈妈也很累，妈妈这会儿抱不动你。"

如果我能和儿子平等沟通，告诉他事实，那这件事情就不会伤害儿子。

很可惜，我没有这样做。当时，我根本没有自我觉察和看见，无法感受到这件事情的界限在哪里。我和许多活在头脑中的家长一样，把头脑里的标准和想象视为"正确"和"应该"。

儿子举着小手哭喊着："妈妈，抱！妈妈，抱！"为了能追上我，他不得不跑起来，追着妈妈求抱。

路过的人都在看，有一位大姐停下来对我说："这么热的天，又是大中午，小心孩子哭中暑了，你就抱抱他吧。"

当时的我无知又愚蠢，这位大姐的话不仅没能点醒我，反而让我更愤怒，心想："怎么能这样呢？孩子这样是不对的，一点儿都不像个男子汉，真懒。"我停下来威胁孩子，责骂孩子不懂事，不肯自己走。

这真是无知又愚蠢的行为。现在每次想到这件事，我的心都会隐隐作痛。

活在头脑标准里的"空心"妈妈

如果不是儿子出了问题，我是不知道反思的，也不会努力进行自我修复、自我成长；我会像身边的很多人一样，一辈子在错误的模式中循环而不自知；我还会振振有词，觉得自己没错，甚至自我标榜母爱伟大。

现在想来，处理那件事情其实非常简单：

第一，如果我有能力（自己不累，体力够）且愿意（没有陷入头脑标准下的评判、指责）抱，那就愉快地抱起孩子；

第二，如果我很累、体力不够，无力抱或不想抱，那就直接告诉孩子事实，表达我真实的感受；

第三，明确态度，无论我是否同意抱他，都向孩子明确自己的态度，这就是界限，让孩子知道这件事情的边界在哪儿。

接下来母子协商，可以两个人一起慢慢走回家，走走停停，边走边休息；也可以坐公交车或出租车回家。

而我当时的做法误导了孩子。让孩子觉得要求妈妈抱自己是不对的，那么之后遇到事情，孩子有可能会压抑自己，不表达自己的感受和需求。如果孩子经常在表达自己的需求、感受时被批评、打击甚至攻击，那么孩子将学会隐藏、伪装自己的需求和感受。

可毫无疑问，我当时就是一个活在头脑标准里的"空心"妈妈，也就是陷入所谓的"正确"论，而无法看到当下的事实和孩子。

看见才是爱，看不见孩子的"空心"妈妈又如何给孩子爱？

处于空心状态的人，必须用想象来填补内心，而当想象过度时，界限早就消失了。只要界限一息尚存，人就不可能完全"空心"，界限能让人察觉到事实和想象的不同。

只要一件事情边界清晰，就不会进入混乱的状态，更不会在混乱的状态中越来越厘不清。

孩子心情不好就要我帮他穿衣服

以下是一段群聊的记录。

如是：海夫人，你好，我有一个 8 岁的儿子，他心情好时愿意自己穿衣服和鞋子，但心情不好就要我帮他，请问这种时候我应该帮他吗？

海夫人：这要问你自己，你愿意帮就帮，不愿意帮就正面拒绝。这个问题本身没有标准答案，看你怎么设定界限。你之所以会陷入纠结，是因为你的界限意识模糊。

如是：对，我自己也很难设定这个界限。我也不是不想帮他，只是担心他会太依赖我；但是不帮他，我又怕他心情不好。不是说情绪没有错吗？我应该接纳他的情绪吗？

没有对错，也没有应该和不应该，只有事实

这一幕是不是让人感到特别熟悉？这里没有对错，也没有应该和不应该，只有事实，事实就是边界。你知道了事实就知道边界在哪里，就

知道具体该如何面对。

在那个当下，孩子心情不好，想让妈妈帮忙穿衣服，这里有两个事实：

第一，孩子心情不好，这是情绪事实；

第二，孩子不想自己穿衣服，想让妈妈帮忙穿，这是行为事实。

两个事实有联系，心情不好有可能让孩子在那个当下出现了"回补"的需要①。当然，事实也有可能不是"回补"的需要，而仅仅是孩子在那个当下想让妈妈帮忙穿衣服。

这两个事实虽然有联系，但也是各自独立的。

先说说不想穿衣服这件具体的事情

孩子不想穿衣服，家长是否要帮忙？这个问题的标准答案并不存在，这和家长自身状态直接相关。

如果家长在那个当下能"看见"孩子，这个"看见"指的是真正的看见，那家长自然可以真实地回应孩子。如果家长在那个当下"看不见"孩子，看到的只是自己头脑里的各种想法、标准、是非观等，就会把自己的想象和评判与孩子的真实状态和需求混淆。

家长什么都没做就立刻进入头脑标准的评判："只是担心他会太依赖我……"，而这并不是当下的事实，只是家长基于自己的思维对以后发展的想象。

---

① 关于这方面的具体内容可以看海夫人的《看见才是爱》中的文章：创伤后的"回补"和"退行"。

当下的事实是：孩子想让妈妈帮忙穿衣服。

看到了事实，知道什么是事实，就知道边界在哪里。

边界在哪里呢？

边界就是妈妈在那个当下到底愿不愿意帮孩子穿衣服。如果不愿意，就要正面拒绝孩子；如果愿意，就立刻帮孩子穿衣服。

家长很容易把想象当成事实，再围绕着这个想象"做戏"，各种"做"出来的剧情（想象）会一幕接一幕地上演。

家长也会在各种"做"出来的"戏"里分外投入，这就是心理暗示，而这种心理暗示对孩子的影响是很糟糕的。

再说说这件事情里情绪的部分

家长在什么都没做的情况下先是进入了头脑评判："只是担心他会太依赖我……"接着头脑思维的风向一转，转到情绪上："但是不帮他，又怕他心情不好……"这两步都是在家长的头脑里发生的，是头脑的想象。

家长的头脑评判以非常快的速度从事情进入情绪，从事情的未分化转而进入情绪的未分化，家长因此进入情绪共生状态，即家长想对孩子的情绪负责，想让孩子心情好。

家长先在事情里没有界限意识，后在情绪中没有界限意识，导致情绪和事情在头脑中相互纠缠。

怎样面对情绪呢？家长可以面对孩子的情绪这样说："孩子，你心情不好，我看见了。心情不好没关系，你可以安静地待一会儿，或者找人聊聊天，说出自己的坏心情，不用特别排斥，也无须懊恼，有情绪是很自然的事情，自然面对就好。"

这里只有事实，事实就是边界

孩子心情不好，想让妈妈帮忙穿衣服。

妈妈看到孩子的情绪，接纳孩子的情绪，允许孩子做出真实的表现，然后尽可能回应。这个回应并不是为孩子的情绪负责，而是在那个当下让孩子知道，他的真实状态妈妈都看见了、了解了，同时允许他有情绪。

先面对情绪，然后面对事情。

对于孩子"想让妈妈帮忙穿衣服"这个事实，妈妈的自然状态究竟是什么样的呢？妈妈不要想象自己是一个随时准备迎合孩子的完美妈妈，自己是怎样就怎样，真实的妈妈比那个"虚假的完美妈妈"更能滋养孩子。真实的妈妈会用真实的言行面对孩子，告知孩子界限在哪儿，即孩子可以触碰到真实的边界。

如果妈妈不愿意帮孩子穿衣服，那就正面拒绝孩子，并陈述事实（真实感受和态度）："孩子，妈妈现在不想帮你穿衣服。"这样简单、直接、明了，只有事实，没有评判对错，也没有各种概念和标准。如果妈妈愿意帮孩子穿衣服，那就立刻愉快地帮孩子穿衣服。

第二章

别人怎样我不需要掌控，这就是界限

老师提问，孩子有压力

让我们看一段留言信息。

若水：海夫人您好，想请教一件事情。我的孩子性格内向，在面对突如其来的事情时会感到压力很大。她不喜欢幼儿园的外教老师突然提问，如果她准备好了，她会主动举手回答；如果她没准备好，老师的提问会令她说不出话。这件事让她感到压力很大，她因此不愿意上幼儿园，觉得面对老师的提问说不出话很没面子。我和班主任谈过，但外教老师还是那样教学。孩子很不开心，我该怎么办？

海夫人：这差不多是刚上幼儿园或小学的孩子经常遇到问题之一。简单来说，他们还没适应与家人以外的人相处，还没适应在家庭环境以外的环境中生活。因为这种不适应导致压力大、紧张、不开心，所以他们不愿意去幼儿园或小学。

孩子不喜欢老师的突然提问，这是孩子的感受。家长了解到孩子的感受和情绪后，最好的办法是让孩子和老师面对面沟通。让孩子直接和老师沟通，把自己的体会和感受告诉老师。

家长没有引导孩子主动面对问题和老师，而是自己找老师去解决，希望老师不要提问。

这个场景是不是有点熟悉？不少家长整日操心的就是这类事情。他们竭力替孩子扫平道路，剥夺孩子面对问题的机会。

当家长发现事情没达到预期的效果时，就没办法了，于是他又陷入另一个剧情："我要怎么做才能让孩子开心，愿意上幼儿园。"

发现孩子遇到问题，家长第一时间找原因是没错的。家长希望第一时间为孩子排忧解难，有些家长却也第一时间陷入了头脑中的剧情，失去了界限，不知道这件事情的边界在哪儿，从而迷失。

当下的事实就是，孩子不希望在自己没准备好的情况下被提问。这个事实引发的情绪就是：孩子不开心，不想上幼儿园。

我们要让孩子知道事实：老师就是会提问，在你没有准备好的情况下提问是为了考察你的真实水平。

接下来我们要让孩子面对情绪：有压力和情绪很正常，接纳孩子的情绪和表达，然后尽可能回应。

没有界限意识如同无根之木

界限意识有多重要？界限意识能让你活得简单、直接、干脆，能帮你厘清头脑剧情和现实真相。

生活中的问题大多是没有标准答案的，一件事情发生后，面对它、解决它的关键在于当事人自身的状态。

如果当事人的主心骨、内核性自我、真实自我较弱，容易受外界影响，跟着别人的标准走，他的内心就经常是慌乱、焦虑的。

如果当事人没有机会和真实的自我连接，直接被头脑的"小我"掌控，陷入头脑剧情状态，被各种标准、概念、是非观绑架，那么等待他的就是无穷无尽的胡思乱想以及各种担忧、恐惧、焦虑。

这种状态有点像无根之木，也就是无法活在当下，只能活在头脑里而不是活在事实中。头脑剧情状态最擅长的就是制造各种想象：比较、标准、评判、是非观等，从而混淆、分裂、掌控你。

家长是孩子的风向标

我在多子女家庭中长大，而我的父母恰好都在单亲家庭中长大。我爷爷在我父亲 6 岁时去世，我外婆在我母亲 8 岁时去世，我的原生家庭很简单，没有世俗的那些"他标准""他规则"。

我有小时候上课打瞌睡、不认真听讲，老师提问时站起来告诉老师"我不会"的经历。老师让我站着，我就直挺挺地站着。同学们笑我，我也不难受，也没觉得丢面子，就自然大方地站着上课。

有一年，我从青岛回老家，初中同学小聚。大家都问我："你小时候胆子怎么那么大，我们都害怕那位老师，你一点儿不怕他。"

我没有从原生家庭中受到这方面的教育，我父母忙于生活和工作，很少管我。

有孩子后，我也延续了这种状态，并把这种状态言传身教给孩子。

孩子刚上学时很怕老师，他上学比较早，完全不适应小学的生活，他上课不听讲，影响他人，还不写作业。老师经常批评他，有时也会让他在课堂上站一会儿。

我也从来没对孩子进行过面子或丑这样的教育，因为在这方面我至今也是不清不楚的，所以孩子在学校经历的事情并没有对他造成影响。孩子没把这些事情当回事，甚至回家都不说。仅有一次，孩子摸着自己的小耳朵说："妈妈，老师拎了我耳朵一下，还让我站了一会儿。"这是孩子第一次给我说这类事情，也是仅有的一次。

我看着孩子，笑了："是不是老师喜欢你，觉得你可爱？"

孩子一脸疑惑（他不肯定）："老师拎得有点疼。"

我没有笑，问他："是不是你上课没有认真听讲？"

孩子没有回答，5岁多的他确实不知道什么叫上课认真听讲。

不久我被老师请到学校，和老师交流后，我知道了孩子在学校的真实情况。

孩子的年纪确实有些小，而我也没有做好孩子入学后的幼小衔接引导，导致孩子刚上学后出现认知混乱。

我开始和孩子沟通，并认真地引导孩子。

我告诉孩子不要怕老师，要喜欢老师。

孩子上一年级时，我就告诉他，老师布置的作业不一定都要完成。如果简单、重复的抄写作业已经掌握了其中的知识点，那就不必重复写，比如老师要求抄写 100 遍 "1+1=2"，如果他掌握了，只要抄 10 遍就可以了。

孩子三年级后，他知道自己和老师是平等的：老师上课，我听讲；我自己对自己的作业负责，对自己的成绩负责。

五年级时，孩子有一次自习课表现不好，被老师罚抄 10 遍课文。他没有抄写，因为这篇课文他已经会默写。

养育的关键是家长的自我成长，而事情的发生、存在本就是让人成长的契机。

孩子的成长也是这样。家长通过遇到的事情看见真实的孩子，给予孩子所需要的帮助，引导孩子面对事情并在面对的过程中成长。

剧情和界限

在前文提及的个例中，老师提问，孩子不会或不想回答可以不回答，这没有对错，更无关面子。孩子要知道怎样拒绝，以及接纳并承受自己拒绝后的情绪，家长的态度和反应就是最直接的示范。

家长没有第一时间主动引导孩子积极面对问题，比如直接和老师交流、沟通，从而了解老师为何提问和提问的积极意义。另外，家长没有反思自己的育儿方式，却从别人身上找原因（责怪和抱怨他人）。

老师提问是老师的事情，老师自己做主。孩子不想回答可以不答，孩子自己做主，这就是界限。

孩子因为这件事情有压力，比如觉得不说话很没面子，那是养育环境、养育方式和养育者的言传身教给了孩子这样的认知。

不说话就很没面子，这么小的孩子就落入了思维模式所认知的剧情，这不是典型的"被教育"出来的"作茧自缚"吗？

孩子遇到事情时，如果家长总是向外找原因，就很容易陷入头脑剧情，并不停地在剧情里循环。家长认为，老师不提问，孩子就没压力，也不会紧张，自然会开心。虽然这样一来，孩子愿意上幼儿园了，但问题并未得到解决，孩子也没机会在面对事情的过程中进步、提高了。

家长恐惧、排斥问题，其实也是在逃避面对和成长。

头脑剧情并不是事实，连接并面对事实才能真正解决问题。

别人怎样我不需要掌控，这就是界限，有了界限才能看到（觉察）事实，知道真相。

孩子回答不出老师的提问，老师生气

安好：昨天孩子对我说，他不喜欢上数学课。数学老师提问他，他不会回答，老师严厉批评了他。接下来，各种头脑剧情在我的大脑中涌现，我不知道怎么回答。

海夫人：数学课上老师提问，孩子不会回答，老师批评孩子是可以理解的。老师的表现和反应是老师自己的事情，这和老师在那个当下自身真实的状态有关。如果老师心情不好，说出不当的话或做出不当的行为，那是老师的问题，孩子不用为此负责。

我们要看到老师的情绪，接纳他真实的状态，不给老师贴标签。我们只需要看到这样一个事实：老师提问，孩子回答不出来，老师生气了。

孩子不需要为老师的情绪买单，更不用对老师的行为负责。孩子可以告知老师自己上课没认真听讲，回答不出问题是不对的，自己会努力改正，但是老师也有不对的地方。

孩子需要在学习上从不会到会，从不懂到懂，这才是提问这件事情对孩子的意义。如果孩子就此不喜欢上数学课，那么提问这件事情就没有任何意义，起不到启发、引导孩子的作用和效果。

孩子需要面对自己的事情并有担当，比如回答不出数学老师的问题，他就知道以后上课要认真听讲，回家认真完成作业，有不懂的地方及时问老师或家长。

大家做好各自的事情，有自我担当。别人怎样我不需要掌控，但是我怎样那是需要自己努力的，这就是界限，有了界限才有担当。

老师批评其他同学，自己的孩子吓得直哆嗦

老师批评其他同学，自己的孩子吓得直哆嗦

格林：海夫人，我家老二7岁了，她不想去上学。他的班主任比较严厉，经常会冲孩子们发火。她害怕老师，还出现了肚子痛、头晕、干呕的情况。班里除了几个调皮的孩子不怕班主任，其余的孩子都挺怕。我家老二其实很乖，很少犯错，但是当老师批评其他同学时，她会被吓得直哆嗦。

海夫人：这是孩子的正常表现，家长可能在家里会有不能区分情绪、乱发脾气的情况，比如让孩子认为妈妈不高兴是孩子惹的，或者妈妈生气是因为孩子不听话。到了学校，孩子也会被老师的情绪绑架。

老师的情绪是老师的情绪，孩子并不需要对老师的情绪负责。孩子没有责任也没有义务哄老师开心，这就是界限。有了界限，我们才能各自对自己的情绪负责，有自我担当。

如果我们是亲人或朋友，那么彼此可以看见对方的情绪，接纳对方的情绪，允许对方有情绪，然后做出回应，这就是表达爱的过程。但这并不表示我们要对对方的情绪负责或为对方的情绪买单，这是越界。没有界限意识，情绪就会被纠缠、绑架。

事情是事情，情绪是情绪，当界限意识无法分化时，我们容易把事情和情绪混在一起而无法面对。

我们要告诉孩子做好自己，上课认真听讲，课后完成作业，其他的事情和孩子没有关系。

如果这件事情的责任属于孩子，那么与之相关的自主权、面对权、完成权、选择权都属于孩子。孩子自己完成这件事情并在过程中获得体验，这一过程本身没有对错，只是体验会因人而异，而孩子会通过在过程中产生的感觉和体验做出进一步思考，并进行自我调整。

孩子的事情，家长只能起到对孩子进行告知、启发、鼓励、欣赏、教育和引导的作用，而不能简单粗暴地评判对错或直接越界干涉和管控。

在家庭中，养育者要有清晰的界限意识。孩子做了令家长不满意的事情，家长就对孩子大发脾气，这传递给孩子的信息就是：看，都是因为你没做好，我才这么生气；你做得好，我才会高兴。这时家长就把事情和情绪混在一起了。

家长给孩子的只是刻板的"二极管"模式：一件事只有对和错的结果，被看重的也只有对和错的结果。简单来说，孩子要对这件事情负责、要做好，家长才满意；孩子还要对家长的情绪负责，这就意味着孩子肩负着巨大的压力。

孩子一旦习惯了家长的这种模式，在学校老师一生气，他就会觉得这个场景模式和家里的一模一样，即便老师对着其他同学发火，他也会感到紧张、害怕。

格林：是这样，我就是爱乱发脾气，孩子没做好我就会生气。我们家老大是男孩，很调皮，我经常打他；老二是女孩，我很少打，但是经常看到哥哥被打，估计她也害怕。对于这个问题，我还得和孩子爸爸沟通。有时候我不开心了，孩子爸爸就说："你们听话，你们看妈妈不开心了。"我也问过老二："你害怕老师生气，是不是想到妈妈之前的样子了？"

有界限才能区分，有界限才有担当

问题源自没有界限。

有界限才能有区分，有界限才有担当。

情绪是情绪，事情是事情；先面对情绪，再来面对事情。

让事情复杂，摸不着头脑的不是事情本身，而是混乱的情况。

老师态度不好，孩子因此讨厌上这门课

对老师不满，从而讨厌上这门课

让我们来看一段咨询记录。

12岁男孩：海阿姨，我在学校上数学课听讲效果不好，不爱做题，我并不是不喜欢数学，我在校外上的一对一数学课，上课像聊天一样，我很轻松，我喜欢。我们学校的数学老师上课态度不好，让我感觉很压抑。我坐立不安，注意力也很难集中，而老师出的计算题和填空题又太枯燥、无聊，我一看就不想做，只想做应用题。

海夫人：在学校上数学课最大的目的是什么？是不是学好数学？如果你想达到这个目的，那就尽量去喜欢数学老师，而不是像现在这样抵触、排斥、讨厌数学老师。在学好数学这件事上，你和数学老师的关系非常重要，就像家长和孩子的亲子关系非常重要一样。

你不喜欢数学老师是因为他的态度不好？你当然可以不喜欢他，但数学老师的个人素质和他的教学质量是两码事，你没有区分界限，而是因为数学老师自身的问题就全盘否定了他的教学。

这个世界上没有完美的人，世间的人本就是形形色色的。在家里，家长比较顺着你、照顾你，但是到学校里或社会上，别人不可能完全按照你的心意和想法做，更不可能围着你转。你肯定会遇到不喜欢的人，你喜欢或不喜欢他们是你的自由。

在这件事情里，对你来说最重要的就是你自己看重什么、想要什么。你是想学好数学，还是想改变数学老师？

如果你想学好数学，那就不要去评判数学老师，只要认真听课，学好数学；如果你想改变数学老师，那就是越界。

这件事情原本是简单的，只是你自身界限模糊，导致了压力大和纠结。

数学老师的情绪和个人行为是他自己的事情，由他负责。如果他不反思，并持续如此，那只会导致更多人不喜欢他，这是他的事情，也是他的自由。

你的烦恼源自你的评判，你评判数学老师的情绪和行为，你认为数学老师不对，甚至批评数学老师的教学方式和方法。你作为一名学生，这和你的目的相左。

你的目的非常简单，就是学好数学，那么就不要把精力和注意力放在和数学无关的事情上。

别人怎样我不需要掌控，这就是界限

在这个咨询个例中，12 岁男孩因为对数学老师不满，产生了抵触情绪，影响了自己的学习。这个孩子遇到的问题比较有代表性，孩子因为界限模糊，陷入了纠结，感到有压力。

男孩可以试着和数学老师交流，提出建议，但是绝对不要试图改变他。数学老师的选择权和行动权属于他个人。

别人怎样我不需要掌控，这就是界限。

谁的事情谁选择

选择权就是界限

和平：我的儿子7岁，我对他的饮食管理还没有完全放开。孩子是能感受到的。

上学路上，我说："哇，有卖枇杷的，要不要再买点？"（我内心希望他多吃这种水果，希望他要买。）

儿子说："你想买就买，不想买就不买。"（潜台词是："这是你的事，别因为我说买就逼我吃。"）

我的小女儿4岁，我好喜欢女孩在春天穿碎花上衣配浅色牛仔裤，特别想买给女儿穿，可是她说她不想穿牛仔裤。

我说："孩子，这套衣服好漂亮，牛仔裤也很好看，前后都有口袋，可以放糖果。"（希望诱导她说买。）

女儿说："我不想穿牛仔裤。"（她的语气斩钉截铁。）

我说："可是我真的好喜欢。"（有时候她看我装可怜，就答应了。）

她说："那你买给自己穿吧。"（女儿一脸淡定。）

最终，两件事情我都放弃了，虽然我没达到目的，但我看到了我的孩子在渐渐建立他们的界限。两个孩子面对事情都知道边界在哪里。我好开心！

选择权就是界限，我的事情我选择，别人怎样我不需要掌控。妈妈可以给建议，但是不要越界，不要替孩子选择，也不要替孩子完成。

界限，自己的事情自己选择

某天早上，老公对我说，他下午要去海水浴场沿着海边跑步，我打开手机看天气预报，发现那天青岛发布了大风黄色预警。我告知老公今天风很大，不适合跑步。

老公说："跑，风雨无阻。"

中午，窗外的风呼呼作响，我准备午休。老公说："等会儿我们出发啊。"我告诉他不行，我要休息。我有午休习惯，雷打不动。

我午休时，门窗被风撞击得发出声响。

午休后起床，我问老公："你确定要去跑步？"

他坚定地说："跑。"

我问："要带水吗？用什么装？"

他说："要带，用那个软瓶装。"

我开始装水，老公准备装备。

我们在屋里准备着，外面的风刮得依旧很猛烈。

"嘭"的一声响，应该是顶楼什么东西被吹得撞倒栏杆了。

老公有点迟疑，跑到窗户那儿往外看，大风吹得空气能见度都变低了。

"今天的风是不是太大了？"老公自问。

我笑着说："上午我就告诉你今天风大，让你决定去不去跑步，你要去我就陪你去。"

我继续收拾东西。

他还是稍微有点纠结，停顿了好一会儿，才迟疑地说："今天还是不去了，风太大了。"

我还是笑了笑说："你想好了吗？"

他说："风太大，还是不去了。"

我说："行，不去就不去，改天再跑一样的，今天确实风太大。"

选择权就是界限，剥夺他人的选择权也是越界。

孩子看电视要不要管

如烟：海夫人，我的孩子快8岁了，我想咨询如何把控界限？比如，最近他迷上一个很精彩的动画片，他会一直看好几小时的电视，我认为这会伤害眼睛，我也理解他想看的心情，我应该如何保持界限呢？

体验权就是界限

何谓界限？孩子的选择权、体验权、完成权、自主权属于孩子，不属于家长。

家长只需要告诉孩子，长时间用眼会让眼睛疲劳，视神经受到影响，从而可能导致眼睛近视。告知孩子这个事实的同时家长也可以科普一些这方面的知识，比如和孩子一起去图书馆查阅相关资料，上网搜索相关内容，分享身边真实的例子，让孩子了解近视带来的种种不便等。

家长不要反复说教，更不要管控和限制，比如限制孩子看电视时间，或者完全不让孩子看电视。

孩子需要自己在体验中获得感受，比如长时间看电视眼睛会酸痛并影响视力，从而掌握对待这件事情的度和界限。

一个人只有在真实的体验中才能慢慢发展出属于自己的自控力和自我管理能力，也才会在体验中摸索出符合自身实际情况的行为规范。

家长可以培养孩子拥有更多爱好，扩大活动圈，让孩子的世界不会匮乏到仅有看电视这一项娱乐活动。

如果家长从孩子出生就剥夺了孩子的各种体验权，那么孩子从小就失去了在体验中探索事情、建立边界的机会。孩子和自身的连接会因此变得薄弱或完全消失，孩子的感受和真实的事情之间就会出现混乱。

例如，家长严格管控孩子的饮食，只让孩子吃家长认为有营养的食物，而不是让孩子吃他喜欢的；或者规定孩子必须吃什么以及吃多少，但这不是孩子对食物和食量的真实需要，时间久了孩子就失去了和食物的自然连接，在对吃的界限认知上也会出现障碍。他们要么吃起来毫无节制；要么厌食，对食物毫无兴趣。

以此类推，对于看电视这件事，如果孩子一样无法和自身的感受连接，失去了界限，自然也没有了度，孩子就无法自动停止再重新开始。

孩子从小就失去各种体验权，自然无法拥有把握度的能力，不知道界限在哪儿。

体验权就是成长权，如果成长权被剥夺，孩子又如何健康、有力量地成长呢？

条件交换越多，孩子的幸福感越低

条件交换无处不在

梅花：您好！老师，一直看您的文章，想咨询一个问题。我的孩子得了抽动症，养个他喜欢的宠物能缓解这个症状吗？

海夫人：给孩子养宠物是为了缓解抽动症？养宠物难道不是因为孩子喜欢，不是为了丰富孩子的生活，不是为了培养孩子的爱心吗？

白开水：我一直在看您的文章，想咨询一个问题，请回答。

海夫人：咨询问题是因为一直看我的文章，难道看文章是为了咨询问题，而不是为了自身学习和成长吗？海夫人做分享可不是为了交换，我做分享是发自内心想这样做，分享过程所带来的思考是益于成长的。

土豆妈：如果领悟了您书中的内容并照着方法去做，那么坚持做下去会对孩子有帮助吗？现在孩子的状态让我心里好难受，我感觉孩子的问题有点严重，是需要付出最多努力才能解决的那种。

海夫人：还没开始努力就开始进行条件交换了。我们每天晒太阳时是否担心太阳让我们回报？比如你今天晒了 3 小时的太阳，你还需要回报太阳给予你的热量和能量吗？如果你不能像太阳那样无私付出，那么你付出得越多，就越希望孩子按你希望的样子成长，而当孩子达不到或不能满足你的要求时，孩子就必然要承受你带来的压力、不满甚至抱怨。

凌大：海夫人，我已经改变自己了。我每天带孩子出去玩，不在孩子面前发脾气，为什么孩子还是有抽动症状呢？

海夫人：哦！那么你这样做了多久？

凌大：一个星期。

海夫人：如果你爱孩子是为了让他的抽动症状消失，那么收回你的爱。你才努力了一个星期就开始不满，你付出得越多，不满也会越多，到时候承受压力的还是孩子。你不是在付出爱，而是在进行条件交换。

条件交换不是爱

有这样一个词，大家都比较熟悉：有条件的爱。

其实大家美化了"有条件的爱"，有条件的爱是条件交换，而不是爱。

比如你为工作付出了脑力和体力，因此获得了工资。这是有偿付出，付出劳动交换工资。

这种交换是双方共同协商后达成并执行的，而达成交换的两个人是有独立的认知、自主权、选择权和承担能力的人。

爱是什么呢？爱是无条件的，就像太阳给予地球阳光，我们都可以沐浴阳光，而无须担心太阳会向我们索求回报。

条件交换越多，孩子的幸福感越低

条件交换是大脑中的综合评价系统给出的。既然是交换，当然要对等。我给你一个，你需要还回一个。这种交换自然也会带来压力，而孩子无力拒绝这种交换，这也不是孩子自行选择的。因此，条件交换越多，孩子的幸福感越低。

孩子玩手机，家长管还是不管

关于一个孩子如何才能自觉，来看这样一段群聊天记录。

浙江 12 岁男孩的家长：我希望他独立，我也给过他很多机会，但事实是他没有自觉性。我只是周末管一管，平常靠他自己。难道做父母的什么都不管吗？他昨天一直玩手机，我们怎样说他都要玩。如果我们对他没要求，那么就不会有矛盾和冲突。现在的关键问题是怎样能让他听进去？他不听，我们就失败了。我觉得要管，不管不行，前段时间他基本没上网课，这就是我们信任他的结果。你们说这个时候管还是不管？

辽宁 9 岁女孩的家长：你觉得别人怎样说，你才会听？就像我说了很多，你也不会听一样。我只是说我的想法，你认不认同这件事我无法控制。如果我也纠结要怎样说才能改变你、让你听话而不是去改变孩子，那我也会很痛苦。道理是一样的。

我提建议，你可以认同或不认同，你不改变这并不是我的失败。

除非是你自己觉醒了，否则你不会想改变。

管控不会造就自觉这种东西。我拿着鞭子让你听话，你学到的不是自觉，而是服从。

我给你一段时间的自由，但发现你不是按我的想法做，而是按你的想法做，于是我又拿起鞭子让你重新服从我，之后我再给你一段自由的时间，结果你还不按我想的做。从头到尾我都没信任过你，只是在考验你。

我们不应该和孩子敌对，而应该和孩子站在一起，在需要时帮助他们。

孩子爱玩手机，为什么？

在手机游戏里他能掌控一切，他会被认同，他会有成就感，他永远不怕失败，失败还能重来。这能满足自尊，让人找到自信，让人际沟通顺畅……如果在生活中这些很难获得，孩子就会去手机游戏里寻找。

当孩子看似沉迷手机游戏时，家长要了解一下孩子玩的游戏，知道他为获得什么而开心，他的生活里是不是缺少这些感受，我们能不能在现实生活中为他提供这些感受。

当孩子能自觉做一件事时，是不存在"我要信任你"这件事的，信任发生在孩子还不能做好这件事的情况下。

孩子刚满一周岁还不会走路，你相信他一定能学会走路。你不会因为他只会扶着墙站着，刚起步就跄跄跄跄地摔跤，或者在地上坐着不站起来而焦虑；也不会始终把他抱在怀里，等他会走了再放到地上。你知道学会走路是需要时间和过程的。

你要做的只是在站在旁边保护和鼓励他。你也不会一直监视他，埋怨他怎么走路这么不稳，什么时候才能走好。

如果这时候，旁边恰好有一位权威人士和你说："孩子10个月就该会走路了，你们家孩子14个月还跟跟跄跄？等你家孩子会走，别人的孩子都会跑了，即使以后走得好也赶不上别人了"，那么你就会开始焦虑："我的孩子以后可能会输给其他孩子，我的教育怎么这么失败？我怎么这么无能呢？他怎么就这么不争气，让我这么没有面子呢？"

接下来，你会把焦虑传递给孩子，告知他你再不练习就不会走路了，于是你监督他反复练习，剥夺他坐着、趴着、翻滚、躺着的权利。他也开始反抗，因为烦和累而越来越不爱走路。

你会开始思考："难道任由他这样？难道我就完全不管了？那以后他不会走路怎么办？有没有什么办法让他听我的，每天自觉练习呢？"

关于上网课的问题，我认为要让孩子自己承担后果。孩子已经12岁了，他自己不听课而跟不上，他自己心里会着急，自己会反省的。

如果你着急，那么这一切的结果就都由你来承担，孩子也不会再觉得自己有什么问题。最终，他和你一样把责任归到你身上，这自然成了你要解决的问题。

你要做的仅仅是在他感觉吃力时守护他，在具体的学习问题上，在他需要的时候去帮他。你的帮助是为了让他自己找到解决问题的方法，而不是替他解决问题。

你要永远站在他身后，保护他、鼓励他、赞扬他的每一次进步，让他充满力量，学会自己走。

你要给他力量，首先你自己就要充满爱的能量。你有焦虑，你传递的是焦虑；你有正能量，你传递的就是正能量。

不要把问题都变成焦虑传递给孩子，家长要分析问题，并不动声色地帮助孩子。

有界限意识的"管"是引导，没有界限意识的"管"是管控

海夫人：前面的那段聊天记录对我很有启发。辽宁的这位家长分析细致，对家长的心态、言行、行为心理等方面说得很清晰。这位家长的解释，诠释了什么才是真正意义上的"管"。"管"其实是引导，"管"中有界限。

有界限意识的"管"是引导，没有界限意识的"管"是管控。

家长要有界限意识，不要越界，做好自己权限范围内的事情即可。

家长在孩子的成长中永远是配角，而不是主角。

家长只是负责陪伴、欣赏、告知、教育和引导，不能包办代替，更不能像操控木偶一样管控孩子。

养育是启发一颗心，带动另一颗心。

武术教练很凶，要不要继续上武术课

下面是海夫人微信公众号上的一段留言。

欧豪：海夫人，我的孩子第一次被医院确诊为抽动症时，出现的症状是频繁眨眼，他患病的原因是他的武术教练太严厉。一旦给他停了武术课缓解情绪，再滴眼药水，他三四天就不眨眼了。孩子第二次出现的抽动症症状是挤单只眼睛，滴一周的眼药水也没什么效果。我们请假回农村老家玩，差不多一个月，孩子的眼睛就好了。孩子第三次出现的抽动症症状是怂鼻子、挤右眼、身体抽动，但每个症状基本上都是单独出现的。

我读了海夫人的文章，觉得文章中说的方法更像脱敏训练。后来我们武术课没请假，孩子其实特别喜欢武术，只是害怕教练。我们是否需要和教练沟通，让教练做些改变呢？孩子以后经历的人和事会更多，海夫人的文章中提到要提高心力，我也倾向于引导他提高心理承受能力。

这次出现症状后，我们没有停武术课，他的各种症状一直在切换。

孩子学完武术很有成就感，回家后会反复练动作给我们看。他练武术不怕苦，但是要承受情绪的压力。我想向海夫人咨询下，我这样做对不对？是忽略症状继续坚持上武术课，还是暂时停课缓解症状呢？

武术教练不允许孩子犯错，即使刚开始学新动作，在练习过程中他也会不停地打击孩子，吼孩子，而孩子在批评声中努力纠正错误，成长也最快。教练也承认这一点！武术教练对其他孩子也一样，并不是单单对我们的孩子这样。

谁的情绪能不被批评和吼叫声影响呢？孩子纠结的是教练太凶，我要怎样去疏导呢？这是位新教练，如果说之前的教练是严厉，那这位教练是凶了。

每次遇到严厉的教练导致孩子出现症状时，我们都会换武术教练。这已经是第三位武术教练了。

海夫人：家长认为是教练的错误，这是归因错误。武术教练的态度让孩子暴露了自身的不足。孩子对情绪的理解是错误的，他把教练的情绪表达当成批评。孩子对情绪界限的区分不明确，不知道教练的情绪是教练的，而自己不需要对教练的情绪负责。情绪只是需要被看见而不是被评判。

归因错误，必然导致选择方向的偏离

家长为何会出现归因错误？很简单，面对问题时没有界限意识，失去界限时自然无法区别并分化。区别并分化就是有情绪就面对情绪，有事情就面对事情。如果我面对的是我的事情，那就思考在我的权限范围内我可以做什么；如果我面对的是别人的事情，那就不要试图在别人的权限范围内做什么。

武术教练脾气不好、态度不好，这是他自己的事情，他人只可以试着沟通、提建议、表达对其态度的感受，而无权干涉或强迫教练改变。如果一个人用各种办法让别人改变，那这个人就是没有界限意识的，他越界了。

孩子纠结武术教练的态度，那是孩子自身的特点。当孩子自身的特点和武术教练的特点相碰撞时，孩子也拥有选择权、面对权、完成权和担当权。

如果孩子继续选择这位武术教练，那就试着去和他相处，直接告诉他自己的感受和体会，并给他提建议。同时，孩子既然要留下，就要尽量理解、接纳武术教练原本的样子。如果孩子拒绝接纳，那就不能怪别人。每个人本就需要对自己的选择负责。当然，家长也可以给孩子换个武术班。

在这件事情中，属于家长的界限范围是什么呢？

那就是告诉孩子事实：武术教练就是这样的性格。孩子可以主动沟通，表达自己的想法。沟通无果后，孩子可以自己做出选择，是离开还是留下；如果选择留下，那就尽量接纳。

家长也可以分别和武术教练、孩子沟通，但是家长不能左右或干涉武术教练，也不要替孩子做决定，不要主动替孩子扫平道路。

家长可以做到 A，但是武术教练不一定如家长所愿是 B，孩子也不一定如家长所愿就能 C。这就是界限，你只能做属于自己界限范围内的事情，属于他人界限范围内的事情都是他人的，应该由他人自己选择、完成和担当。

事情非常简单，孩子做好自己就可以，但很明显，孩子受到了教练的态度、情绪的影响。

失去界限或没有界限就不知道边界在哪儿。

简单的事情变复杂了

欧豪：海夫人，我谈谈我的理解，您看对不对？我提到武术教练太凶的事，海夫人认为孩子把教练的情绪当成批评，没有分清界限，这是我们的归因错误。

我的理解是教练只是诱因，但分清界限这件事我还是不太明白。

海夫人：这个孩子前后经历了两位武术教练，前面一位严厉，后面一位凶，也就是说孩子特别在意且纠结的是，在学习武术的过程中，武术教练对他的态度。

这个孩子应该是上小学（七八岁）的年纪，这个年龄的孩子对待周围的事情和人的态度就是家长对待周围的事情和人的态度。家长就是这个年龄的孩子的风向标。

我们看看家长的表述。

第一，家长特别纠结孩子出现的症状，他要找原因；

第二，症状出现了，找到了原因，是武术教练太凶。

家长的纠结本身就是界限不清，把简单的事情复杂化了。因为没有界限意识，所以家长无法区别并分化哪些是武术教练的事情，哪些是孩子的事情，哪些又是家长的事情。

家长缺少界限意识还带来了另一个问题，那就是家长进入了自恋幻想状态，幻想着我做了A，武术教练就是B，而孩子就能C。这个幻想就是把"我"放在第一位，并认为自己是全能的。

家长的焦虑和担忧是怎么来的？他们害怕这种自恋幻想没办法实现，而自恋幻想受到破坏或破灭会让他们头脑中的"小我"很难过。

你是想更好，还是想摆平整个世界

我公公脾气暴躁，有情绪障碍。很多脾气暴躁的人在成长过程中情绪没有被看见，甚至被粗暴对待。如果强硬地不让脾气暴躁的人发脾气，他们可能会生病——情绪被压抑，这种压抑会反映到身体上。

我婆婆是很自恋的人，她特别在意结果，无法接受公公的坏情绪，认为这些坏情绪是对她的攻击、批评，所以特别生气，很排斥公公的坏情绪。两个人三天一小吵，五天一大吵，吵了一辈子。

婆婆一辈子都在用精力对抗公公的暴躁。她总是说既然我没错，你就不能对我发脾气。

婆婆用防御的方式面对遇到的事情和人，她并没有在这样的过程中让自己更好，她的防御型思维模式让她自己走向偏执，她没有看到公公，也没有接纳他，一辈子面对的是针尖对麦芒的婚姻。

公公如今已离世 10 多年，婆婆依旧困在她自己的思维模式里。她念叨的依旧是："我没错，你就不能对我发脾气。"

人终归是自己选择了自己的命运。性格决定命运，当你不想改变，不想更好时，那么你就只能用旧的思维模式走下去。

我的公公和婆婆一直没机会对他们之间的问题敞开心扉。这对两个自恋的人来说太难了，对因高度自恋而走向偏执的人来说就更难了。偏执的人根本不允许真实的人和事情进入内心，只有符合他们的思维模式标准的人才可以。偏执的人永远活在自己头脑的想象中，既触碰不到外界真实的人和事，也无法看到自己真实的状态。

遇到事情（问题）时，你的出发点是什么？是希望自己更好，还是就为了争一个对错，为了证明自己是对的？

遇到事情（问题）时，有界限意识才能区别并分化，哪些是你可以做的，哪些是越界的。

接纳情绪，告知事实

让我们看一段海夫人微信公众号上的留言。

家长 X：海夫人，我的孩子 6 岁了，他最近又频繁眨眼睛。我和家里人都没有刻意提醒他，可是他出去玩时，就会有人说他频繁眨眼睛。他回家后感到很难过，他说自己不想眨眼睛。我觉得他压力很大，我要怎样开导他呢？我告诉他每个人都会眨眼睛，只是每个人眨眼睛的频率不同，这很正常。但是我依然能感到他很沮丧，我很心疼他。

海夫人：你好，你说的这件事有两部分：一部分是孩子的情绪，另一部分是事实。

接纳情绪

孩子的情绪是沮丧的，家长要看见孩子的情绪，接纳真实的孩子，允许孩子有情绪，然后尽可能及时回应。你可以这样对孩子说："你频繁眨眼睛，有人说你，你觉得难过和沮丧，妈妈知道，也很理解。"

相互对情绪看见、接纳、允许，然后尽可能回应，这就是爱。但你不用对孩子的情绪负责，为他人的情绪负责就是越界了。

我们遇到事情表现出某种情绪是正常的，无论是谁都不应该抗拒、否定、排斥情绪，而要接纳、允许它。

显然这位家长因为心疼孩子而排斥孩子沮丧的情绪，并希望孩子尽快摆脱沮丧的情绪。

情绪是会自然产生的，需要自然来去；情绪是流动的；情绪是需要表达的。

表达情绪是好事，难道家长希望孩子经历了这样的事情，还压抑情绪吗？如果家长特别不能忍受并排斥孩子的情绪，孩子在感受到这一点后，就有可能渐渐开始忍耐情绪。

告知事实，清晰边界

事实就是孩子频繁眨眼睛，他人看到后评论了这件事。

这个事实也就是这件事情的界限，看到了事实也就知道边界在哪儿。

孩子可以眨眼睛，他人也可以说，这两者不矛盾，可以并存。

我们的身体属于我们自己，可以想怎样就怎样，比如频繁眨眼睛，这是个人的自由，我们并没有妨碍他人。

我儿子两岁多开始频繁眨眼、吸鼻子、耸肩膀等。他的这些行为也会被人说，但多数人都是出于好奇。他们会笑着说"你怎么老是眨眼睛""你怎么这么奇怪"，我对这样的疑问一笑置之，儿子听后的反应也是这样。有时候他甚至会自己解释说："我也不知道怎么回事，我经常会这样动动。"他边说边眨眼睛，"过一段时间，我又会这样动。"他又边说边耸肩，说完顽皮地一笑。那么小的孩子本来就像个小天使，再这样解释一番，大家听着就觉得很可爱。

同理心强的人不会盯着一个孩子说这些，同理心弱、共情能力不够、偏自恋的成年人更容易说这些。

每个人都是自由的，我可以频繁眨眼睛，你也可以说出来，我们无法要求他人都保持沉默。

知道了事实，也就看清了边界。

我们无法左右别人的态度，但我们可以选择自己的态度，以及自己如何面对。

告知事实，胜过无数说教

孩子遇到事情有情绪反应是可以被理解的，家长应该接纳孩子的情绪，告知孩子事实，这样做胜过无数说教。

人们从孩子的反应中可以看到每个家庭的养育特点。孩子对他人的评价比较在意，也就是孩子的真实自恋没那么明显，而虚体自恋（后天认识并获得的标准）更为明显。

一件小事暴露的不仅是孩子的特点，更是家长和家庭的养育情况。

开导是不是家长通过解释说明，让孩子没有压力并变得很开心呢？家长可以解释、说明、告知，但孩子并不是之后就不需要面对了。没有面对就没有成长，这件事情就是孩子成长的一个契机。家长不要替孩子扫平道路，更不要守着孩子，指望让孩子天天开心。

家长只需要无条件接纳孩子的情绪，告诉孩子事实。这里没有对错，只有事实。告知事实，胜过无数说教。

第三章

有界限才不会共生

"共生"的伤害和影响

让我们先看一些具体的事例。

1. 家长 Z：海夫人，很多人不理解我为什么和妈妈的关系那么差。上高中时我妈妈每天逼我吃饭，她甚至会说："妈给你跪下，你把这碗饭吃完。"她还总是逼我多穿衣服，让我满身大汗。她经常对我说："我对你太失望了。"我现在 40 岁了，一直在和抑郁症斗争，我觉得我就是那种一生都在治愈童年的人。

2. 麻麻：我以前不懂什么是"共生"和控制，总觉得和我妈妈在一起时特别压抑，我不能反抗，只能按她的想法去做。大到买房、买车，小到洗澡用的毛巾用了一次必须洗、地上有头发必须捡起来、穿外衣不能坐沙发……因此我迫切地结了婚，觉得这是一种解脱。到现在我都很排斥妈妈，排斥她的所有关心。虽然我知道她爱我，但这爱太沉重了。

3. 风起：海夫人，我之前向您咨询过。我觉得我是"空心"人，随时都与别人共生，我的心没在自己这儿，注意力也不在自己身上。我听不懂别人说的话，无法和别人交流。因为"空心"，我的很多动作都是不带情感的。我不知道自己究竟是怎样的人。现在我已经把孩子交给他的爷爷奶奶带了，我不敢带，我担心我的情况会严重影响孩子。

4. 家长W：孩子小的时候，我们总是各种担心。在他该学拿勺子吃饭时，我们没有及时放手；在他该自己穿衣服时，我们也没让他自己练习。现在，我们要他自己吃饭，他不肯，他要等着别人喂他。现在我不知道怎样让他知道吃饭是他自己的事情。如果他不肯自己吃，那么让他饿着这样的方法可取吗？我个人觉得饿一两餐没什么，从前我妈妈也是这么对我的。爷爷奶奶包办了很多事情，马上要上小学一年级了，他什么都不会，怎么办呢？

5. 四川瑞妈：海夫人，您上次告诉我的那个练习方法很有效。和孩子在一起时，如果出现"共生"，我就把注意力放在自己这里，觉察自己。这样不但让我做回了自己，看见了自己，也能让我改变"空心"人的状态。

之前我从来没有体会过体内"有心"的感觉，但是最近几次，我高兴、生气或烦躁时，能感受到心真真切切存在于胸腔里。我能用心感受食物的味道，感受花儿绽放的美好。

他人是体会不到我这种快乐的。我在农村出生和长大，妈妈特别强势，我和哥哥从小必须听妈妈的话并按妈妈的意愿做事，否则就会被打骂。我习惯了接收指令，把自己活成了刻板、无感的"程序"。我还特别在意别人的脸色，因为以前妈妈只要不高兴，我和哥哥就要遭殃。

相信继续按您的方法做，我一定可以越来越好。我还打算常听音乐，养成自己用心倾听的习惯，体会和感受这个世界。

6. 舟舟：我们不和老人住在一起了，孩子的爷爷让我看清了什么叫"吸食"。我以前还不太明白，当我看到爷爷对孩子的样子时，就有种心里难过的感觉。大人把自己的一切精神力量都放在了孩子身上，没有自我而与孩子共生，真是太可怕了。从小孩子吃饭，爷爷奶奶自己不吃，看着他吃，他们二老一人喂饭，一人喂菜……现在我儿子吃饭还是个问题，他似乎食不知味，体会不到吃饭的快乐，就是在做机械动作而已。

我担心自己也会把太多注意力放在孩子身上，所以不断提醒自己，只要陪伴他就好。他是他，我是我，他有自己需要度过的人生。

7. 安徽宝贝 8 岁：冷漠的儿子说出伤害我的语言，用厌恶的眼神看我……脑海中浮现的都是他从出生到成长的点点滴滴，沁透着母亲的心血。我不敢病、不敢死，从少女变成了中年妇女，除了皱纹，我似乎没得到什么。烈日炎炎，却心如冰窖。

海夫人：这位妈妈显然不知道亲子关系出了问题，更不知道这些问题是什么原因导致的。家长从孩子出生开始就以孩子为中心，一切围绕孩子转，没有自我，和孩子"共生"。这样给孩子当保姆的父母带出不孝顺孩子的概率更大。

8. 阳阳 8 岁：孩子 8 岁，叫了无数遍吃饭也不来，我再好的脾气也被磨没了。孩子每天都这样，做什么都要大人跟在身后。

豪仔：孩子 8 岁，起床后不知道穿衣服，穿完衣服不知道刷牙。我整天就是跟在他后面催，怎么催都不行。

海夫人：家长没有界限意识，把孩子的事情当成自己的事情，和孩子"共生"。

"共生"养育

在育儿中有一种常见但很容易被忽视，或者说很容易被错误理解的问题，那就是以"爱"之名的"共生"养育。

"共生"就是两个人在一起，本来应该是"1+1=2"，但是在共生关系里，两个人在一起是"1+1=1"。

共生关系中的两个人相互依赖、共同生存。两个人的生存空间很大程度上相互融合，他们共享一个空间。

"共生"养育就是没有界限的养育，养育者和孩子之间是重合的状态。养育者把自己的感受当成孩子的感受，把自己的想法当成孩子的想法，把自己的标准当成孩子的标准，把自己的意愿当成孩子的意愿，即不分你我。

换句话说，养育者在孩子身上活出了自己。孩子必须按养育者的想法、标准、意愿做事。养育者的"心"的主要位置、全部意志都在孩子那儿，他们替孩子做了选择和决策，而在那一刻养育者本身是"空心"的状态。

因为在"共生"状态中养育者会把自己的一切都当成是孩子的，而这些对孩子来说是"二手"的，所以孩子在共生关系中只能获得"二手"经验。

孩子在这种"二手"经验的包围中沦陷，慢慢活成了一个"二手"人。他们活在各种标准、概念、指令中，而真正的自己日渐萎缩、无力。

在"共生"养育中，养育者和孩子之间并无深度连接，养育者能够看到的只有自己的想法、标准，他们看不见孩子。

"共生"养育容易养育出没有自我的"傀儡"孩子。这种孩子要么痛苦、焦虑、自我攻击、充满仇恨，要么自我麻痹、屏蔽各种感受和渴望。

在"共生"养育中，养育者自身处于"空心"状态（自我麻痹而进入极度麻木无感的状态），人不在自己的"房间"里，而跑到孩子的"房间"里指挥一切。一个"房间"只能有一个主人，养育者跑到孩子"房间"里，孩子没办法，只能变成"空心"才得以生存。

在亲子关系中的"共生"里，一般成年人（养育者）会作为强势者占主导和主动位置，话语权、决策权、选择权大多被强势者掌握。如果强势者占据了大部分空间，比如80%，那么弱势者（孩子）就只剩下20%的空间。在共生关系中只能拥有20%空间的孩子，怎么能和拥有100%空间的孩子相比呢？拥有20%空间的孩子只能勉强维持生存的状态，根本谈不上生活得健康且有活力。

那些拖延的孩子，比如起床后不知道穿衣服或穿完衣服不知道刷牙的孩子，他们已经进入"空心"的状态，自我麻痹、屏蔽各种感受和渴望。无论孩子做什么，他们身后都有一个声音在主导。

当一个人把这种"共生"的欲望向外扩展时，那么被他针对的人起初容易成为他的仰慕者或亲近者，但是接下来会因为不同或不满而被"绑架"。

"道德绑架"也属于"共生"状态。我们是独立的个体，应该有自己的想法、标准。没有界限意识就会出现你我不分的情况：我认为的道德标准就是你的道德标准，即便我达不到，你也需要达到并执行。

长期处于共生关系中的人，没有独立、清晰的边界意识，同时缺乏担当，容易把自己的需求寄托在别人那里，一旦需求没有得到满足，就会心生不满或抱怨。

有界限才不会"共生"，有界限才有担当。

有界限才有尊重，有界限才有自由。

界限模糊，家长的安慰牛头不对马嘴

让我们看一段信息。

7岁男孩的妈妈：海夫人，孩子这两天情绪确实不好。篮球课老师批评他，我又给他施加学习压力，他哭了。

我问孩子："考完试就放假，你开心吗？"他说不开心，我问为什么，他说因为还要去上篮球课。我能感受到篮球课老师给孩子造成了很大的心理阴影。

孩子特别喜欢篮球，但他接受不了篮球课老师对他的态度。上课时，我看见了孩子的紧张与害怕，他怕自己做错，老师再批评他。老师批评他时，生气地说"你再做一次"，他已经吓蒙了，一屁股就坐在了地上！

孩子上篮球课特别用心和认真，他可能确实没有理解老师说的意思。

下课后，孩子对我说："妈妈，我真不知道我错在哪儿。"

我对孩子说："老师对你严格是希望你能进步，每个篮球明星都有过被教练批评的经历。"

这件事情过去一周后，我以为孩子情绪稳定了，可是他还是跟我说不想上篮球课。

我现在该怎么办呢？是让他继续上篮球课提高忍耐力，还是换一个篮球教学机构呢？

其他孩子都没有什么问题，我家孩子却承受不了这样的压力，这确实是孩子的心理承受能力差。

海夫人：这里有两个问题，一个是情绪"共生"，另一个就是家长的安慰牛头不对马嘴。

情绪"共生"

在养育过程中，养育者有可能和孩子情绪"共生"，养育者和孩子之间的情绪没有界限，即你的情绪就是我的情绪，我的情绪就是你的情绪。养育者会把不高兴投射给孩子："看，都是你不听话，惹妈妈生气。"孩子不高兴时，养育者可能会把这种情绪当成自己的，特别着急地想让孩子立刻高兴起来，并急着为孩子的情绪负责。

当养育者在家庭中和孩子情绪"共生"时，孩子在外面就容易被他人的情绪影响，被他人的情绪绑架。

在正常情况下，我们能够区分情绪的所有者。当情绪界限的意识明确时，我们遇到他人生气，会想："哦，他生气了。"我们只会看到、感受到他人生气的事实。事实就是边界，在事实的基础上，我们会根据自己和这个人的关系做出应对情绪的选择。

如果是陌生人，那我们不会在意，因为我们不能对别人的情绪指手画脚。

如果是我们认识的人，那我们会根据关系远近说一些合适的劝慰的话。

如果是我们的亲人、挚友，那我们会主动看见他们的情绪。"怎么了，遇到不开心的事情了？"我们会允许他的情绪发生，并接纳他的情绪。"遇到这样的事情会生气很正常，换成我，我比你还生气，生气就表达出来，这样很好，硬憋着伤身体。"我们会做出回应，陪伴他、倾听他。

情绪"共生"时，看到他人生气我们会紧张地想："他生气了，是我哪里做错了吗？""他生气了，是我哪里没做好吗？"然后开始焦虑、惶恐。

当我们能区分情绪，对情绪有正确认知，不让情绪"共生"时，我们会认为："我的情绪是我的情绪，你的情绪是你的情绪，我们对自己的情绪负责。"看到并接纳情绪，允许情绪的发生，然后尽可能及时回应，这个过程就是表达爱的过程，是爱流动的过程，但这并不表示我们要对他人的情绪负责。

篮球课老师的情绪属于篮球课老师，孩子不需要对篮球课老师的情绪负责，孩子显然被篮球课老师的行为和情绪深深影响了。

孩子不会区分情绪，原因在于家庭的养育方式，而篮球课老师只是一个诱因，诱因的出现才让孩子暴露了这方面的不足。

当孩子确实不理解篮球课老师的表达时，可以直接告诉篮球课老师，比如"老师我确实没明白您的意思"。

孩子没有这样做，可能因为胆子小，怕说了之后引起老师不满；还可能因为边界模糊，即不知道边界在哪里，这会让事情更加不明朗，而且让人无法面对具体的事情，也根本不知道那件事情具体是什么。

孩子也可以理直气壮地对抗老师，性格开朗的孩子会一笑了之，但是这个孩子确实做不到。我们需要倾听孩子，引导孩子区分情绪，不要为篮球课老师的情绪负责。当孩子能够区分情绪，知道每个人的情绪属于自己时，就不会为别人的情绪感到紧张。我们还要引导孩子正面面对这件事情，厘清这件事，了解篮球课老师的行为和情绪背后真正所指的具体事情。当知道了具体事情时，孩子也就知道如何面对了。

下面来说说另一个问题：家长的回答牛头不对马嘴，表达完全偏离事实。

界限模糊，家长的安慰牛头不对马嘴

家长的原话是："下课后，孩子对我说，妈妈，我真不知道自己错在哪儿。"

家长告诉孩子："老师对你严格是希望你能进步……"

孩子确实不知道自己哪里没做好。很简单，主动找篮球课老师问清楚。这里只有事实，没有对错，知道了事实才能积极主动面对。问题在哪儿都不知道，如何具体面对呢？

具体的事情就是边界，家长知道老师具体因为什么事情批评孩子了，

就知道边界在哪儿，也就知道如何改进、怎样努力。

家长要知道，老师的情绪表达是他的个人特点，不代表严格。家长的说法意味着认同老师的情绪化做法。另外，"严格"具体指哪方面呢？孩子不知道自己错在哪儿，妈妈也不知道。妈妈用了非常简单的"对与错"把这件事遮掩过去，还以为自己是在开导、教育孩子。

有时候真的不是孩子的心理承受能力弱，而是家长要么越界"共生"，要么因为没有界限意识、不知道一件事情的边界在哪儿，遇到具体事情自己也很糊涂，没能正确引导孩子。

边界清晰的家长面对事情或做事情自然会干脆利落、逻辑清晰。

边界模糊或失去边界，家长很容易脱离实际情况，单凭头脑想象去引导孩子。

"管"不等于爱

在咨询中我经常会遇到家长的纠缠状态。

他们把"管"等同成了"爱"。没有界限意识的人，很容易陷入这种状态。示例如下。

"难道孩子不写作业、不学习，我就真的不管了？"

写作业和学习是孩子自己的事情，家长需要做的是积极、正面引导。在孩子上小学前做好衔接，让孩子能跟上学校的教学节奏，培养孩子的学习兴趣和良好的学习习惯。这些不是简单、粗暴地"管"出来的，靠的是启发、引导和培养，激发孩子生来就有的内驱力，让孩子学会自我担当，即自己的事情自己完成。

家长要做的是告知孩子事实，督促孩子完成，不是生硬地"管"、干涉、控制，这只会破坏孩子的内驱力。

每个人天生都有内驱力，内驱力可以被启发、唤醒，它不是训练出来的。家长需要守住边界，越界不能启发、唤醒孩子的内驱力，只会破坏孩子的内驱力。

"我不管孩子怎么行？我处处顺着孩子，孩子以后无法无天了怎么办？"

这是家长脑子里对未来的预想，并非当下的事实。

如果这件事情属于孩子，那么在这件事情上就不存在家长顺着孩子。如果孩子自己的事情会引起家长的恐慌，那么家长只是想越界管控孩子，家长认为孩子应该按自己的要求做，那么当家长的管控未达成时，家长就会焦虑。头脑想象模式会给家长投射一个剧情：这样不行，他以后会无法无天的。这个剧情不是当下的事实，而是对未来的恐惧想象。

只有家长有了界限意识，才不会越界。家长认为顺着孩子会给自己带来恐惧，其真实原因是家长不知道边界在哪儿，没有清晰的界限意识。

这件事情属于孩子，自主权、面对权、选择权、完成权就都属于孩子，家长只要陪伴、鼓励、欣赏、告知、教育和引导就好，绝对不能包办和代替，更不能管控和强迫，这就是界限。

有界限才不会"共生"，有界限才有担当，有界限才有自由，有界限才有尊重。

"孩子不好好吃饭怎么行？孩子正长身体呢，如果我不管，以后长不高或长不好怎么办？"

吃饭是孩子自己的事情，孩子自己最清楚吃多少、吃什么。难道一个人吃什么、吃多少都要别人决定吗？孩子吃饭的体验权应该属于他自己。

"孩子不好好吃饭……"，这不一定是事实，家长判定孩子没有好好吃饭用的是家长的标准。孩子未必没有吃好，可能只是没按家长的要求吃，比如没有多吃蔬菜、水果或其他家长认为的有营养的食物。

"以后长不高或长不好……"这更不是事实，而是家长对未来的想象。

许多家长会反复纠结这个问题：难道真的不管了，什么都不管了？

家长要陪伴、告知、欣赏、教育和引导，"管"的后面经常跟着的是"控"。管控意味着一定要这样，必须这样。

家长越是进入纠缠状态，越是容易不分你我。孩子的成长属于孩子自己，孩子才是自己人生的主角。

越管控越失控

白开水：我的孩子（二年级的8岁男孩）总想买奥特曼卡片，开始买20元一包和50元一包的，也买过300元一盒的。之后，他又想买800元的。我开始觉得孩子喜欢就满足他，后来觉得这不是理性消费。我规定了购买次数和金额，也和孩子聊了家庭收支平衡、卡片的消费陷阱这类问题，孩子也表示可以不买。但是他始终对800元的卡片念念不忘，几天后还是想买800元的或更贵的卡片。我感觉他的欲望很大，遇到自己喜欢的食物，他要吃到很撑才会停。请问有什么引导的方法吗？

海夫人：现在的状况不是今天才形成的，现在的行为只是结果的呈现，结果是孩子的欲望好像总也不能被当下满足，总感觉下一个才是最好的，就像买奥特曼卡片，先是花20元、50元，接着是300元，再后来就是800元。

家长要学会正确回应孩子

孩子现在的行为是前期养育方式带来的后果以及孩子自身成长的反应。

孩子在物质上有匮乏感，同时不能很好地珍惜当下，也就是不能活在当下、连接当下，很难感受当下，永远期盼下一个，幻想着未来。

遇到自己喜欢的食物要吃到很撑才会停，这是对食物的匮乏感。可能家长在孩子吃饭这方面的讲究和规定比较多，比如家长要求孩子多吃蔬菜、水果，少吃肉，而孩子恰好喜欢吃肉；再比如吃东西定量，孩子不能想吃多少就吃多少。

家长最开始满足了孩子买奥特曼卡片的需要，但后来孩子想买更贵的，家长觉得不合理，开始控制。家长这个时候和孩子沟通交流的做法是非常好的，他看到了问题。

但这个沟通交流不是双向的，并不是真正意义上的沟通交流。家长是以评判开始的："后来觉得这不是理性消费。我规定了购买次数和金额，也和孩子聊了家庭收支平衡、卡片的消费陷阱这类问题……"

评判孩子购买卡片不是理性消费，这种评判带来的是管控，即规定购买次数和金额。孩子购买卡片只是单纯喜欢，或是跟风购买，比如班里的同学都买，自己没买好像不合群。

在谈购买卡片的问题时，家长应该先了解情况，听听孩子的想法：他为什么要买卡片？倾听完，家长可以谈谈自己的看法，比如"爸爸妈妈认为，这样跟风购买卡片不是理性消费"。

家长在表达这不是理性消费时，主语一定要用家长自己，也就是表达自己的观点和想法。这个主语不能是孩子，如果这个主语是孩子，那就是在评判孩子的行为。孩子并没有经济独立，无法对自己这个购买行为负全责。这就是界限，如果家长自身对这一点不清楚，就很容易混乱地将本该自己承担的事情甩给孩子。

家长也和孩子聊到了家庭收支平衡，我不知道家长是怎样说的。诉苦类的说法就是："爸爸妈妈挣钱不容易，你不该这样乱花钱，钱要用在该用的地方。"这就投射了"孩子不懂事，乱花钱，不知道心疼爸爸妈妈"。

当聊家庭收支平衡时，对孩子的道德绑架，会引发孩子的羞愧感和罪责感。孩子会觉得自己买喜欢的东西是不对的，会拖累爸爸妈妈。

家长和孩子聊家庭收支平衡时，表达的是家长的想法和具体办法。如何保持家庭收支平衡是家长的事情，不是孩子的事情，而家长只需要告知孩子，无须让孩子负责。家长只要告知孩子事实，告知孩子家庭收支平衡的具体内容，孩子就知道该怎样做了。事实就是边界。

家长也聊到了卡片的消费陷阱，如果使用的主语不是家长，那么家长表达的就不是自己的感受、体会和想法，而是对孩子陷入消费陷阱的评价。这就像告诉孩子，喜欢卡片的行为是不合适的，这样的消费是不理性的。

家长和孩子聊完了，却没有"看见"孩子，也不知道孩子想买卡片的具体原因，更没有认真倾听。家长只是对孩子说教了一番。家长和孩子之间并无精神或情感层面的实质连接，孩子最后只是迫于家长的态度说"好吧，不买了"，但他内心的欲望始终还在。

有的家长似乎只有可以掌控孩子的想法才能真正安心。孩子买卡片的行为，家长可以管控；但孩子想买卡片的欲望太过强烈，家长则很难掌控。

孩子不能有想法（欲望）吗？当然可以，这是孩子自己的事情，孩子有想法并不代表家长就一定要帮孩子实现。

"遇到自己喜欢的食物，他要吃到很撑才会停……"这种情况的出现其实责任在于家长，家长只要给孩子自由，不越界干涉、管控，孩子经历几次或十几次吃东西失控的情况，就会慢慢在体验中找到平衡。越管控越失控，被管控太多的孩子，自己不知道界限和度在哪里，因为养育者总是反复、多次替孩子做决定，总是约束或限制孩子，导致孩子自己无法尝试和体验，比如，如果家长规定孩子每顿饭必须吃两碗饭，那么在这种规定下，孩子必定无法知道自己的真实饭量。

共生，不是共情

舞动：您好，海老师，我想咨询一件事。

我的儿子5岁了，在幼儿园上中班。他性格非常内向，在幼儿园里不交朋友，也不参加集体活动。他有一个7岁的哥哥，他在家与哥哥交流都非常正常。

上了一年多幼儿园，他没什么改变，大家都说让我不要在意，也不要太关注他，但有时候我着急会苛责他几句。有段时间幼儿园停课，再去幼儿园时他就非常抗拒，每天都哭。每天送他去幼儿园都让我特别压抑，每次都像"生离死别"。

我曾无数次和幼儿园老师沟通，但都没什么改变。他拒绝交友，拒绝参加班里的活动。在幼儿园他不哭不闹，也不说话。

我承认自己对他过于偏爱，他从小就很乖，因为他的乖，我也非常珍惜他。我的闺密取笑我说把男孩养成了女孩。我试图改变自己，不去奶声奶气地和他说话，也尽量转移自己的注意力，不去依赖他。

我总怕他的内向让他受伤，尤其在幼儿园。我是不是过度共情，让他特别依赖我呢？在教育问题上，我真的特别迷茫……我总觉得他希望我能多给他一些关注。

我的两个儿子都是我一手带大的，晚上跟我睡。现在，我真不知道应该如何引导、鼓励孩子。他的性格让我很焦虑，我也为此自责，但于事无补。希望老师指点迷津。

海夫人：家长错误理解和认识自己，将家长和孩子"共生"理解为过度共情。家长需要把注意力、关注点放自己身上，而不是"活"在孩子身上。只有分清界限，才不会"共生"。

共情是活在当下，界限明确的人才有的状态，即及时理解对方。没有界限意识的人其实是没有共情能力的，那一刻不过是"共生"的开始。"共生"是你中有我，我中有你的一种纠缠状态。

如果妈妈一直这样养育孩子，那么将来这个孩子会怎样呢？孩子现在已经因为妈妈的过度照顾和偏爱而拒绝或抗拒其他环境和人。孩子5岁了，但是"脐带"还没有断，和妈妈仍是一体的。

孩子每天早上入园都像经历生离死别，其实这是母子二人上演的标配戏码：妈妈离不开孩子，孩子需要满足妈妈的需求。

孩子并非不合群，只是如果孩子合群了，妈妈怎么办呢？

孩子3岁就有性别意识了，这个时候妈妈就要注意不能和孩子过于亲密。妈妈和孩子们最好分床睡，兄弟俩睡一张床，妈妈睡一张床，把两张床放在一个房间里。先分床睡，再慢慢分房间，循序渐进。

孩子不想吃的东西家长硬塞

碱粽子

20 年前在江西老家，有一次我下乡去婆婆家，正巧赶上端午节。看到婆婆包粽子，我随口说了一句："包粽子啊！我挺喜欢吃粽子的。"

婆婆很高兴，立刻煮好给我，我满心欢喜地剥开一看，是黄黄的碱粽子。我告诉婆婆我不喜欢吃碱粽子，因为从小妈妈包的粽子都不放碱。

婆婆有点儿不高兴，立刻说："粽子不放碱，怎么吃？哪儿有粽子不放碱的？"

我把那个剥开的粽子吃了，然后告诉她，我就是不喜欢吃碱粽子。

那次回家，婆婆还让我带碱粽子，我拒绝了。我再次告诉她，我不喜欢吃碱粽子。

第二年端午节，婆婆托人带碱粽子给我，我把碱粽子送人了。我给她打电话，首先表示谢谢她给我带的粽子，又告诉她我不喜欢吃碱粽子，以后不用这么麻烦，这次带来的碱粽子我都送人了。

第三年端午节，她又托人给我带碱粽子，我有点吃惊，再次给她打电话表达了自己的想法。

第四年，她还是托人给我带碱粽子，这次我没有再给她打电话。

后来，我们离开老家来到青岛。到青岛几年后，有一次公婆来看我们，恰好是端午节前后。婆婆特意带来了粽叶，同时也带了碱，她要给我包粽子吃，她一直记得我爱吃粽子，但我不知道她是否记得我不喜欢吃碱粽子。

当我看到婆婆拿出粽叶和碱准备包粽子时，我再次直接拒绝了她。

我问婆婆："你喜欢吃粽子吗？"

婆婆说："不喜欢。"家里人都知道婆婆不喜欢吃粽子，我爱人也跟婆婆一样不喜欢。

我说："那你就是完全包给我吃的，对吗？"

婆婆说："是。"

我说："既然你包给我吃，为什么要包我不爱吃的碱粽子？我不爱吃，不就是浪费吗？如果你包碱粽子是给大家吃，那可以；如果你包碱粽子是要给我吃，别麻烦了，我不爱吃碱粽子。"

没有界限意识带来的损耗

我的界限意识很明确，我并未要求婆婆因我而改变，我尊重她的做法，但是婆婆明显没有这种边界感，她看不到事实，即她每次送来的碱粽子我们都没有吃。而且我对婆婆越界的行为非常头疼。婆婆总是因为自己的想法和意愿被认可或被满足而高兴，因为这些想法和意愿没有被满足而排斥，这种自恋式的交往关系仅仅是为了满足她自己。

这有对错之分吗？没有。我不会因此认为婆婆对我不好或自私。婆婆这一行为看起来明明是在为我考虑，可是她又一定要坚持包碱粽子，这就有点儿奇怪了。

在青岛的这一次，我的提醒似乎起了一点儿作用，因为当时公公和老公的外甥女都在，他们一致觉得我说得有道理。如果婆婆实在想包放碱的粽子，我不吃就行，别强调"我是为你包的，你一定要吃"。为什么要强迫别人吃不喜欢的食物呢？

婆婆不高兴，从那以后婆婆也不再给我包粽子了，因为她只能包碱粽子，包没有碱的粽子，她的自恋就被破坏了。

从坚持或妥协的角度来看，我们各自坚持了自己认为合适的原则，在粽子是否要放碱的问题上我们双方都没有妥协。

因为我们的坚持，在粽子这件事情上我们彻底失去了连接机会，我们不用再为粽子是否放碱而纠结。

没有界限意识，就会把简单的事情弄复杂。在包碱粽子这件事情上，婆婆和我拉锯了10多年。在这样一件小事上耗费如此多的精力和时间，实在没必要。

孩子因一点儿小事不满意就大发脾气

情绪纠缠

韧：海夫人，孩子因一点儿小事就大发脾气，家长接纳、允许了他发脾气。我想问问，家长伤心或难过的情绪在这个时候可以表达吗？

海夫人：家长在任何时候正面表达情绪都不会伤害孩子，但是如果评判、绑架以及要求孩子对家长的情绪负责，就会误导孩子对情绪的理解。同时这个问题是家长没有界限意识、对自身情绪也无法自我担当的表现。

如果家长有觉察，那就能从自己的提问中看到问题。

家长先在头脑里做了一个评判：孩子因一点儿小事就大发脾气，这样怎么可以？这样不对。家长在这个时候就会伤心或难过。

成年人和孩子对于大小事的概念和判断标准不同。对孩子来说，没吃上想吃的雪糕就是大事；而对家长来说，能决定人生走向的才是大事。

家长先有了评判，才有了后面对孩子的不满意。

如果家长只看到事实，那么他看到的就是：孩子现在很不开心，正在发脾气。他心情不好是可以表达出来的。

最关键的是，家长对情绪的纠缠，不仅反映了家长自身没有足够的界限意识，还被言传身教给了孩子，就意味着孩子出现情绪时很容易抱怨或指责，因为孩子每次有情绪时家长也是如此。

家长言传身教的方式让孩子陷入了情绪相互纠缠和绑架的状态，其中充满了抵触、指责或不满。

每个人对自己的情绪负责，这叫自我担当。

爱是什么？爱是我能看见你的情绪，接纳你的情绪，允许你有情绪，然后及时回应，但并不表示我要对你的情绪负责，更不是去评判你的情绪，憎恨你的情绪。

如果家长在那个当下只是真实地表达自己的感受、体会和想法，陈述事实，那么家长就是在明确界限，并教会孩子正面、正确地表达自己的情绪。

对孩子的情绪讲道理有没有用

让我们来看一些留言信息。

DD：儿子有坏情绪时，我只能冷处理，等他把坏情绪发泄完再给他讲道理。他虽然能听进去，但是下一次碰到类似的事件，他还是会像以前一样。

我也行：海夫人您好，孩子说害怕我像以前一样对他吼，我为此向他道歉，还说我会改掉坏脾气。但是他还是说害怕，我应该怎样做呢？

相逢：海夫人您好，我的孩子7岁。看了您的文章，家里的气氛已经改善很多。我们对孩子也是以鼓励为主，但有时他发脾气，怎么哄都哄不好，应该怎么办呢？

这样的留言信息是不是特别熟悉？

家长"DD"完全没有接纳孩子的情绪，采用的就是简单的"二极管思维"：你有情绪是不对的，我要给你讲道理；每次都讲道理，孩子好像也能听进去，但是下次遇到类似事情孩子还是一样。家长没有想想为何会这样，只是觉得自己委屈。

家长"我也行"没有接纳并允许孩子有情绪，这是简单的"二极管思维"：你害怕我吼，我之前吼是我不对，我道歉，这事就完了，你应该不害怕了才对，怎么还是害怕呢？

情绪的流露很自然，需要自然来去，人不是人工智能——"小度""在呢""关机"，小度马上就自动关机了。

家长"相逢"自我感觉不错，对孩子也是以鼓励为主，但这多半是家长的自恋。其实他采用的是条件交换的思维模式。"我已经做得这么好了，孩子却发起脾气来怎么哄都哄不好"的意思就是，我已经做得这么好了，孩子应该没脾气才对；即便他有脾气，我哄哄他，他也应该立刻不发脾气了。

上面的留言信息暴露的是同样的问题：错误理解情绪。

情绪没有对错，只有好坏。情绪就是用来表达的，情绪只需要被看见，而不需要被评价、评判、忽略、排挤、否定、贴标签。情绪需要健康流露。

不接纳，何以流动

家长"DD"并没有从内心接纳孩子的情绪，每次孩子表达情绪时，孩子的情绪能量并不会得到家长的接纳，家长的容纳性也就是孩子的格局。家长每次都是冷漠地等孩子发泄完再讲道理，而所谓的讲道理无非就是指责或暗示孩子"你这样发脾气不对，你这样表达不好"等。

说教是单向的，家长的单向表达对孩子的情绪能量起不到任何疏导作用，故而孩子没有任何进步，下次遇到类似事情，还会像以前一样。除非孩子能神话般自行快速成长，能看清一切，不再渴求父母的接纳和看见，不需要父母的包容，这个循环才会结束。

情绪本就是一种表达和告知，它有各种差异，我们无须强求每个人都一样，更不要用同一个标准模式去规范所有人。

正确的做法是当孩子有情绪时告诉孩子："爸爸妈妈看见了你的情绪，知道你现在很不高兴，没关系，有情绪就表达，爸爸妈妈会陪着你，如果你愿意用更好的方式告诉爸爸妈妈你的不开心当然更好。"

情绪只需要被看见，而不需要被评判。家长在任何时候都不要对孩子的情绪讲道理，或管束孩子的情绪，只需要接纳和引导，允许孩子有情绪，然后尽可能及时回应。只要情绪能够健康流动，自然不会有任何问题。

情绪存在本身就是说明

我也行：海夫人您好，孩子说害怕我像以前一样对他吼，我为此向他道歉，还说我会改掉坏脾气。但是他还是说害怕，我应该怎样做呢？

海夫人：孩子本来就害怕呀！害怕并未被消除。

道歉有很多种形式：表面的道歉，发自内心的道歉，随意道歉之后再次吼对方，道歉之后用心、持续地努力改变。

不知道这位家长属于哪种？

孩子现在还是害怕，那么家长就要接纳孩子的害怕。情绪只需要被看见、接纳、允许，然后尽可能被回应，而不是排斥和拒绝。

让情绪自然流露，让孩子可以去体验那份害怕，看见那份害怕，而不是对情绪有意识地忽略、排挤、评判、否定、躲避、打压、管控……

和脾气共存的心理空间

相逢：海夫人您好，我的孩子7岁。看了您的文章，家里的气氛已经改善很多。我们对孩子也是以鼓励为主。但有时他发脾气，怎么哄都哄不好，应该怎么办呢？

海夫人：孩子发脾气，其实是在给父母一次机会，孩子想通过这种方式和父母连接而有更多沟通，让彼此能相互看见，有更多的亲密接触。

这也在考验父母的情商。高情商的父母这个时候会非常自然地接纳孩子的脾气，不会否定孩子的脾气，更不会否定孩子的感受。

这位家长的做法是拼命哄孩子。拼命哄孩子传递的信息是什么呢？"别生气了，生气不对，我不希望你生气。"

家长潜意识里传递的就是对孩子情绪的评判，家长对孩子的情绪做了评判，就意味着否定孩子的情绪，不仅否定还不接纳。

脾气需要被看见、接纳，有了看见和接纳，脾气才会作为本能的力量被赋予积极、正面的意义，才会因流露而健康、自然地来去，而不会形成淤堵。

当一个孩子有力量、有能力和自己的脾气和平共存时，孩子就已经具备一定的心理空间。这个心理空间正是孩子每次发脾气时，由家长的看见、接纳、允许和回应打造的。家长和孩子之间的正向情绪流动是互动带来的。

被忽略、被排挤、被错误理解的情绪

我经常遇到害怕孩子的情绪（脾气）、拒绝孩子的情绪（脾气）、忽略孩子的情绪（脾气），甚至特别排斥孩子的情绪（脾气）、错误理解孩子的情绪（脾气）的家长。

为什么会这样呢？

长久以来，我们对情绪的理解是错误的，我们给了情绪一个规范和标准，如同上课听讲再通过考试。在我们的成长过程中，我们的情绪没有被看见、被接纳、被善待，因此我们本能地忽略、排斥情绪（在成长过程中潜意识收获的信息是：情绪是个坏东西，遇到它要么避开，要么消灭它）。

我曾经是一个有情绪障碍的人，深刻懂得健康的情绪就像能流动的"活水"。比如我在《爱是最好的良方》一书中表达的："我们形容没有流进也没有流出的水为'死水'，把流动的水称为'活水'。'死水'容易腐化变臭。"

流动的水才是健康、有活力、可饮用的好水，而无法流动的水会慢慢变质、变臭而成为无用的废水。

情绪如果被错误理解、错误对待，那么本该自然来去的情绪就会出问题。

我们需要明白，每个人都要对自己的情绪负责。亲人和朋友的作用就是相互看见对方的情绪，接纳对方的情绪，给对方的情绪一个温暖的流动空间，仅此而已。这并不意味着亲人和朋友为对方的情绪负责，更不是替对方的情绪买单。

如果往情绪里加入了纠缠、绑架、共生，那么这种情绪对他人来说，就是洪水猛兽。

情绪是我们感知这个世界最微妙、直接、快速的身心语言。情绪是用来体验、表达、感受并让我们随时保持觉察和看见的。如果我们忽略、排斥、错误理解情绪，那么我们必然读不懂身心语言（情绪）传递的信息，家长也自然会错误地理解孩子的情绪。

为什么我们会急于消灭孩子的负面情绪

让我们看看下面这段信息。

风暖：海夫人您好，为什么我们会急于消灭孩子的负面情绪呢？

海夫人：为什么呢？

你之所以急于消灭一个东西，肯定是因为你认为它不好。而这种想法来自你根深蒂固的认知，也就是后天头脑中"小我"获得的思维模式剧情。这个思维模式剧情来自你成长过程中获得的认知或习得的模式。这是由养育者的情绪对你的影响、养育者对你情绪的态度、成长环境中的人对你情绪的解读与反馈、你自己的情绪体验，以及你自己对待情绪的态度等综合形成的。

不少人对情绪的理解是错误的。情绪没有对错，情绪就是用来表达的，情绪需要的是被看见，而不是被评判，更不是被消灭。

情绪需要积极、正向地流动，越健康的情绪，其流动性越好。情绪需要让对方看见，并获得容纳的空间，然后流动起来，并带动身心能量。如果情绪一出现就急着消灭它，那么充满生命气息及力量的能力也会被一并消灭。

家长为何会如此急于处理孩子的情绪？这是因为家长把孩子的情绪当成了自己的情绪。如果不解决孩子的负面情绪，不消灭孩子的负面情绪，家长会坐立难安。

为何会这样？因为家长和孩子情绪"共生"，家长的情绪和孩子的情绪之间没有界限，你的情绪就是我的情绪，我的情绪就是你的情绪。

当孩子有情绪时，家长就认为这是不好的，而家长又和孩子情绪"共生"，开始评判，评判则带来管控，于是家长头脑中的思维模式剧情带动脑神经回路做出反应，想尽办法急于第一时间消灭孩子的负面情绪。

在那个当下，情绪所表达的信息以及情绪背后的事实被家长自动隔离、屏蔽了。当情绪出现时，家长无法看到情绪，进入的是头脑中后天形成的思维模式剧情，看到的是各种概念、是非观念、评判标准等。思维模式剧情主导的脑神经回路自动开启，这就像启动程序：启动程序 A，那么就按着 A 的代码运行。这种固定程序开启时，必然要自动屏蔽、隔离真实的信息内容，好让固定程序的进行不受打扰，轻松完成。

家长无法看见孩子的情绪，又如何接纳并允许孩子有情绪呢？更谈不上及时回应了。

思维模式剧情主导的脑神经回路自带力量，不仅会自动屏蔽当下的事实，模糊界限，还会让家长分不清事实与头脑想象。

当下的事实就是孩子情绪的真实表达，而表达情绪的过程也是真实的体验、感受。体验权就是成长权，家长只需要看见、接纳、允许体验过程的出现，然后尽可能回应。家长对孩子就像一个情绪容器，应该是最安全和稳定的，而不是充满指责、打压和不允许的。

如果孩子的负面情绪一出现就被消灭了，那么孩子表达情绪的真实意义该如何显现，又该如何起作用？家长又如何经由这个过程了解孩子，和孩子更好地沟通、连接呢？

任何事情的出现都提供了契机，在面对这些事情的过程中，关系中的人们会彼此靠近，变得更好。

孩子遇到事情，表达了想法，渴望的是被看见和被爱。孩子并不希望家长只想着解决问题而不问缘由。

界限意识是关键

在孩子表达情绪的过程中，没有界限意识的家长容易出现以下两种情况。

一种是孩子的情绪一出现，家长就急着消灭孩子的情绪；另一种是孩子的情绪一出现，家长便围着孩子的情绪转，以孩子的情绪为中心，用各种方法哄孩子开心。

情绪本是表达的出口、连接的纽带。情绪需要的是正向流动，流动性越好，情绪越健康。

我们爱孩子不代表我们要替孩子活，甚至连体验情绪的机会都不给孩子。

父母给孩子提供的是安全基地，让孩子可以在其中自由探索。这个体验的过程就是成长，而父母在孩子探索过程中的表现和反应就是一种言传身教。

父母对孩子情绪的态度会慢慢被孩子内化成情绪的应对模式。比如孩子的负面情绪一出现，家长就急着消灭，那么孩子习得的模式就是：负面情绪不该存在，出现了就要被消灭。

未被表达的情绪永远都不会消失，它们只是被活埋了，有朝一日会以更丑恶的方式爆发出来。

——弗洛伊德

面对孩子的情绪，共情还是开导

一个家长提问：孩子有情绪，家长应该共情还是开导孩子？

简单：看见就是看见孩子的情绪，接纳就是接受孩子发泄自己的情绪，允许就是允许孩子发泄自己的情绪，但回应我有点不理解，回应是和孩子共情吗？家长等孩子心平气和再开导吗？

海夫人：家长开导孩子的目的是什么？是让孩子开心？是让孩子的坏情绪快点结束？如果是这样，那家长就等于是在和孩子的情绪较劲或替孩子的情绪负责。

孩子有情绪，家长看见、接纳、允许和回应

家长如果有界限意识，会稳稳地守住边界，让孩子的情绪发生，接纳孩子已经发生的情绪，允许孩子发泄情绪，并回应孩子："你不高兴，我看见了。你不想说话只想发脾气，好的，我理解。"

没有界限意识的家长，自身也不清楚这件事情的边界在哪儿。这个

时候他们会乱，他们看见了孩子有情绪，也接纳、允许了，但接下来他们没回应，而是先试图"共情"，再去开导孩子。

共情其实是在人们当下界限明确时才能产生的状态，能让人及时地理解对方。没有界限的人其实是没有共情能力的。

那一刻对没有共情能力的人来说不过是"共生"的开始，他们处在你中有我，我中有你的状态中。这时，一些所谓的"开导"就会出现，这些"开导"不过是家长无法面对、接纳孩子的情绪而"开导"孩子的情绪并希望孩子听后立刻没有情绪的说教。

"共生"状态里的"开导"过程既没有面对孩子的情绪，也没有接纳和允许孩子的情绪，更没有看见和回应孩子的情绪。

孩子为什么不能自己玩，总是关注别人

让我们来看这样一段信息。

爱米尔：海夫人，孩子为什么不能自己玩儿，总关注别人？

海夫人：因为养育者缺乏独立的核心自我、主体自我，没有清晰的边界意识，养育者和孩子之间是"共生"状态。养育者自身很多时候处于"空心"状态。

爱米尔：海夫人真是一语中的，其实我已经意识到这个问题。我觉得小时候我的妈妈就爱控制我，而我总有压抑的感觉。让我感受特别清晰的是有一次我妈妈和我女儿的对话，她们因为梳头的小事儿产生了分歧。孩子认为姥姥梳得不好看，而姥姥却用大量重复且有攻击性的语言回击孩子。大概说的就是孩子做得不对、孩子情绪不好、孩子的头型长得有问题等。

我现在也意识到自己一直没有自我，总是关注别人。学习是为了给别人做样子，做家务是给老公做样子，在单位是给同事做样子。我觉得我属于爱无力和没有自我的人，我很难过，希望得到改变。

孩子不能自己玩，总是关注别人的原因

孩子在成长的过程中，生理和心理上都需要获得养育者足够的关注和爱，需要被看见、接纳、认可、及时回应，需要高质量的陪伴。如果一个孩子从婴儿期就感受不到来自养育者的爱，没有被看见（看见才是爱）、接纳、认可、及时回应，那么从婴儿期开始孩子的心理需求就没有被满足。孩子在幼儿期、儿童期，包括少年期都会有一种回补的需要，这种回补可能表现为：孩子总是关注别人。这种表现也表达了：孩子渴望被关注，孩子渴望被看见，孩子希望得到回应。

家长可能会问："从孩子出生开始我就亲自带他，我和孩子形影不离，对孩子的关注非常多，孩子为什么还会这样？"

这应该是家长的养育方式中出现了"共生"。简单地说，家长是用"头脑"养育，即最经典的"后天头脑假自我"养育孩子，家长并没有真的"看见"孩子。看见才是爱，没有看见时，家长和孩子之间便没有实质的爱的连接和滋养，也无真实回应。这样就容易出现不走心的敷衍或高高在上、彰显家长自恋的批评和说教。

所谓的"后天头脑假自我"就是后天头脑思维模式、由头脑剧情形成的那个后天"小我"。这就像那位叫"爱米尔"的家长表达的，她做一切都是为了给别人看。

当这样一个"后天头脑假自我"和孩子在一起时，也就是一个"空心"妈妈和孩子在一起。这个"空心"妈妈本身就不真实（没有界限意识，看不到头脑剧情和当下事实的边界）。妈妈自己就活在剧情里，无法"看见"孩子。家长"看不见"孩子，又如何能真实地回应孩子、爱孩子呢？无回应之境就是沙漠。

爱，源自内心。我们在养育孩子的过程中真正滋养孩子的是爱。看见才是爱，回应就是光。缺乏爱的孩子容易觉得孤单、没有安全感和存在感，这样的孩子特别渴望被爱、被关注，所以总是关注别人。他们关注别人的真实意图是渴望得到紧密的连接，也就是拥有深度的、可靠的、高质量的关系，孩子渴望与他人真正彼此"看见"，渴望得到有回应的爱。

头脑擅长通过记忆形成固定思维模式。一些条件反射一样刻板的训练更像机器人的程序，与爱无关。

机器人的程序精确、刻板、固定，A 程序就是 A 程序，选择 A 程序就不能选择 B 程序。

而爱不是这样的，爱的状态充满活力、灵动，可以这样，也可以那样；爱是体验、分享各种感受；爱是允许、接纳、包容；爱源自内心，而非头脑。

"头脑控"偏执态

如果一个人的内心是无力的，他就容易呈现爱无力。

一个人的心有无限的可能：更大的包容性、更多的力量。而头脑一旦脱离内心的指引，没有了自我觉察和看见，人就容易陷入固着、刻板状态，进入头脑思维模式的偏执态，即"看不见"他人，对他人无回应，也无法连接当下的感受。

家长"爱米尔"讲述的姥姥就是"头脑控"的偏执态。"我就是对的，我没错。"姥姥这儿只有对错。

孩子的意思只是姥姥梳的发型不好看，孩子在表达自己的感受，与对错无关，而姥姥看不见孩子当下的体验和感受，更谈不上回应。

姥姥隔离了当下的事实，姥姥的头脑自动切断了与当下事实的连接，并自动推出属于姥姥的"头脑控"，使其进入偏执态。

这个时候，姥姥和孩子之间怎么会有爱的互动和连接呢？

当孩子表达感受时，姥姥应接纳孩子的感受，然后表达自己的感受："哦，宝贝觉得姥姥梳的这个发型不好看？姥姥看看，嗯，姥姥没觉得不好看，可能我们的审美不同。"

当家长和孩子之间只是彼此表达感受、体会和想法时，两个人就是在分享。在分享的过程中彼此"看见"，那么此刻的体验就让两个人跳出了"头脑控"的刻板程序模式。

张凌云：正因为心力弱，才不得不靠脑力。用大脑的固执来守护、坚持和推进一些事情。这就形成了固执、外强中干的性格。现代人之所以假自我心态那么严重，都是因为心力太弱了。

有的成年人也很难独处，总是关注别人，把别人的事情当成自己的事情，总想介入（越界干涉），并容易把自己的感受当成别人的感受，把自己的想法当成别人的想法，把自己的意志当成别人的意志。

心力越弱，头脑就越会死命执着于各种剧情，靠着这些剧情把自己伪装得很强大。

第四章

零度共情

没有爱的坚持就是伤害

知心：海夫人，您好。我儿子 11 岁了，总爱发脾气，害怕失败怎么办？

他让我帮他穿衣服，开始我觉得只要他不发火就帮他穿吧，后来看了您的书，我觉得应该让他自己穿。有一次，因为毛衣脖领处有点紧，不好穿，他就让我帮他穿，我没答应，孩子就发火把自己关在屋里。我给他讲道理，说人总要长大，不学着自己穿就永远不会穿。我没对他发火，经过交流他开了门，结果一开口还是让我帮他。我不帮他，他又发火关门，面对这种情况我应该怎么办呢？

我以前对孩子的教育比较严格，把他当成小大人对待，凡事都让他自己做，做不好就批评他。

我和他的亲子关系不好，我和他说话，他就像没听见。我想问一下，当他需要我帮他时，我是应该帮他来改善亲子关系，还是应该坚持原则不帮他呢？以前，我的教育方式就是坚持原则。

海夫人：我以前也用过很多错误的育儿方式，总是根据自己的认知、标准，按照自己头脑里的想法和设定，强调孩子应该做什么，并"坚持原则"。如果孩子不按我的需求做或做不到，我就觉得他不对。

我以前每天都用错误的方式面对孩子，还自以为这是爱孩子，是在教育孩子。很遗憾，那个时候，自己错了也不知道。

没有爱的坚持就是伤害

这位家长同样不知道自己错了，以及具体错在哪里。家长觉得自己在坚持原则，是为孩子好，是爱孩子。

家长对待孩子的做法类似于行为主义的育儿方式——训练孩子，严格对待孩子，把孩子当成小大人，凡事都让孩子自己做。家长没有"看见"孩子，对孩子也没有回应，和孩子之间缺乏亲密的情感连接，就像对待机器人一样，只是发出指令并要求孩子必须执行。孩子不是机器人，孩子有情感需求、依恋需求，渴望爱与连接。这种育儿模式容易养育出问题儿童，严重时会导致孩子的性格出现分裂。

孩子现在提出的让家长帮忙穿衣服的要求，就是对幼时的依恋需求的回补。

没有爱的坚持就是伤害。看见才是爱，家长之前或之后的养育只有对指令、规则的强调，而没有看见、接纳和回应。

情绪是情绪，事实是事实

孩子很容易有挫败感，一有挫败感就会有情绪，生气、发怒或追求完美，而稍微不完美、不满意就不高兴。

目前孩子身上表现的情绪事实和行为事实虽然呈现在孩子身上，其成因却是家庭环境、养育方式、养育者自身的人格状态对孩子产生的影响。

遇到任何事情，先面对情绪，再面对事情。很显然，这个孩子在任何时候出现情绪，家长的反应都是排斥、不理解、厌烦……家长认为只要孩子不发火就行。

家长无法面对、接纳孩子的情绪，不知道情绪的界限在哪儿。家长无法区分情绪和事情，处理和情绪相关的事情时自然是一团糟。

"孩子就发火把自己关在屋里，我给他讲道理说人总要长大，自己不学着穿衣服就永远不会穿……"

情绪是情绪，事情是事情，家长不能将二者混为一谈。

情绪本身没有对错，情绪就是用来表达的，情绪只需要被看见，而不需要被评判。孩子有了情绪时，家长去和他讲道理，就是在暗示孩子"你有情绪不对"。

"经过交流他开了门，结果一开口还是让我帮他。我不帮他，他又发火关门，面对这种情况我应该怎么办呢？"

在那个当下，家长应该先面对孩子的情绪，看到、接纳真实的孩子，允许孩子生气，然后尽可能回应孩子。

先面对情绪，再面对事实。

孩子想让妈妈帮忙穿衣服，这里面虽然有"回补"的需求，但是在那个当下，妈妈要根据自身的真实状态做出选择。如果妈妈非常愿意帮孩子穿衣服，那就愉快地帮孩子穿；如果妈妈不愿意帮孩子穿衣服，那就直接拒绝孩子："妈妈现在不想帮你穿衣服。"

陈述事实，事实就是界限，做真实的家长。家长表达时主语要用自己，切记不要对孩子指责、抱怨或讲道理。家长不要说："你总要长大，要永远不会穿衣服吗？你这样怎么行呢？你都多大了？你这样以后怎么办？我这样都是为你好，为你将来考虑。"

情绪是情绪，事实是事实。情绪需要被看见、接纳、允许，然后得到回应；而事实需要明确，然后家长要做出选择，行动起来，不要"废话连篇"。

了解零度共情

什么是共情

共情是人本主义心理学家卡尔·罗杰斯提出的，指体验别人内心的能力。

共情有以下三方面含义。

1. 根据对方的言行，深入对方内心去体验他的情感、思维；

2. 借助自己的知识、经验，建立与对方的体验、经历与人格之间的联系，更好地理解对方的问题；

3. 把自己的理解传达给对方，以合适的情绪、态度回应，影响对方并取得反馈。

共情就是在那个当下能"看见"自己，同时也能清楚地"看见"他人，理解他人的表现、感受和需求，让自己在和自身连接的同时也能与他人连接，产生联系后能做出符合当下的回应。简单来说，共情就是在当下能及时"看见"他人并做出合适、温暖的回应。

我们经常能在育儿、心理类图书中看到"共情"这个词，我甚至觉得这个词有点被滥用，好像人人都在讲"共情"。家长似乎也都知道要共情，也会和孩子共情，但实际情况可能并不理想。

什么是零度共情

我曾在微博上看到一位博主推荐一本书，它的作者是剑桥大学的精神病理学教授西蒙·巴伦 - 科恩（Simon Baron-Cohen），书中主要探讨的就是为什么一个人可以对其他人做出残酷和邪恶的事情。

这位博主大致总结了书里的内容和观点：大多数人都有同情心，有共情能力，但是当共情被"腐蚀"时，一个人的"恶"便开始显现。

当共情消失时，人们就会只关注自己，满脑子都是"我希望怎样""我想要怎样""我要达成什么"，很容易把他人当成"某物"，当成自己达成目标的手段或障碍。

任何人的共情都有可能被"腐蚀"，当我们状态不好、情绪激动、紧张焦虑、疲惫不堪时，当我们遇到事情最先被头脑中的认知或标准掌控时……我们都可能忘掉"他人也是人，不是程序、不是指令、不是某物，他人也有自身的感受和需求"。

在共情被"腐蚀"而消失的时刻，任何人都有可能做坏事。

书中提到的"零度共情"，也是这位博主特别强调的概念。

当我看到"零度共情"这四个字时，脑海里出现的居然是每天都能收到的各种小窗信息。家长们发来各种抱怨、不理解、焦虑、狂躁的信息，所有这些的起因皆是家长没有"看见"孩子。如果家长看到的只是自己头脑里的各种标准、概念、是非观等，并以此评判孩子，便会导致对孩子的误解。这时，家长的共情便被"腐蚀"了，如果共情完全被"腐蚀"而消失，家长就会"看不见"孩子，家长和孩子之间就是**"零度共情"**。

没有看见，哪儿来的共情

事例1

喵呜：我的原生家庭一直让我很痛苦。我父母教育我要感恩，在外人面前，他们是特别好的父母，而没外人在时他们经常打骂我。我小时候，他们打我，逼我下跪，把我关在门外，晚上我怕黑，但任凭我哭得半死他们都不开门……

海夫人：家长在外人面前碍于面子，呈现的是虚伪的完美父母；而没外人在时，父母的共情被"腐蚀"了，孩子成了父母发泄负面情绪的工具。他们教育孩子要感恩，养孩子是为了让孩子感恩、让孩子报答，把孩子当成安度晚年生活的保障。

父母没有"看见"孩子，当然也就不会有共情，他们理所当然一般对孩子行"恶"之事，只是这些"恶"基本被套上了好听的名字，比如"我在教育孩子，我是爱孩子的，正因为我爱他，我才希望他好"。

事例2

山东11岁男孩的家长：家长不能有一点儿坏脾气吗？我真的要疯了，

不管我怎么说，孩子就是不听话。

海夫人：不知道这位家长和他的孩子之间发生了什么，我感受到的就是家长要疯了，而家长"要疯"的原因是孩子不听话。

家长认为孩子的某些行为不合适，和孩子沟通时，家长会说"你不能这样""你必须……"，家长认为"你错了，既然我告诉了你，你就应该马上改正"，但实际情况是，孩子依旧我行我素。于是家长非常生气，心想："难道你错了，我都不能说，这怎么行？养不教，父之过。"

家长这时并没有"看见"孩子，没有了解孩子的想法，没有和孩子真正地沟通。此时家长的"说"是单向的，而沟通本应是双向的，沟通双方都应该有表达且能够彼此"看见"。

家长的状态和孩子毫无关系，表面看家长"要疯了"是因为孩子没听家长的话，实际上是家长自身的人格状态决定了家长的反应和表现。

家长说话孩子不听，家长生气，这是家长自己的情绪，是家长自身的人格状态决定的。家长会说："都是你不听话，惹我生气。"如果家长有自我觉察，能"看见"孩子，家长会知道如何正确表达自己的感受，比如"你这样做，我很生气"。在这种情况下家长自然没有共情，更谈不上接纳孩子。

共情是沟通的开始，沟通的目的是什么？是通过沟通彼此了解，通过沟通走进对方的心里。

家长和孩子之间没有"看见"，也就没有真正意义上的沟通，更谈不上共情。家长和孩子之间就是"零度共情"。零度共情则不会有真正的沟通，有的只是管控。管控就是控制和限制，就是约束孩子，而孩子也就会本能地反抗或对抗。

很明显，这位坏情绪的家长在"共情"被腐蚀的同时，没有自我觉察，没有"看见"孩子，只是一味地想着："我要疯了，这个孩子要把我气疯了，都是这个孩子不好。"

极度孤独，缺乏爱的照见

12岁男孩的家长：海夫人，你好。我的孩子现在12岁，他的抽动症时好时坏，不知道什么时候能治好。抽动症是不是会影响学习的专注力？孩子的学习成绩不好，真令人发愁！

海夫人：从这种非常简短的留言内容中，我能大概猜出孩子和家长在经历什么。

家长看到的只是孩子表现出来的问题，比如学习成绩不好，家长关注和纠结的都是结果，结果对应的就是头脑里的标准。如果结果符合家长头脑里的标准，那么家长就会安心；如果不符合，家长就会坐立不安。

一个孩子表达"我想吃香蕉，我喜欢吃香蕉"时，家长没有看见孩子的真实需求，而是直接跳转到自己的头脑认知标准给出的一个结果："吃苹果，苹果更好、更有营养。"家长递给孩子一个苹果，如果孩子拒绝，家长就会批评孩子："看你这个孩子，怎么这么不懂事呢，我都是为你好，苹果含维生素 C 多，孩子吃了特别好。"

这个过程就是"零度共情"。

"零度共情"的背后是极度孤独。"零度共情"者不管是有意的还是无意的，都会经常让身边的人受伤。"零度共情"者无法和别人进行真正的交流，也无法和别人建立起真正的联系（关系）。因此这个孩子可能很孤独。

共情始于觉察和看见，以及活在当下的状态

很多育儿书和育儿机构会经常、反复讲共情，也会告知家长共情的重要性。家长都知道要共情，只是在实际接触中，家长会发现"共情"被错误理解了。

"共情"的前提是对当下情况的觉察和看见，然后及时回应。如果一个家长是"空心"人，那么他会在任何情况下第一时间被自己后天头脑中的"小我"掌控，进入后天头脑的标准，按头脑剧情思维模式思考，那么他是无法和孩子共情的。

我们都有可能被"零度共情"慢慢侵蚀。"零度共情"以碎片化的方式切割人类的情感，很多人会在"零度共情"的模式中越来越冷漠，越来越孤独。

保持觉察和看见，活在当下，看见自己也看见他人，这是避免共情被"腐蚀"的简单方法。

没有看见就无法共情

看见才是爱

胖子：孩子从小生活环境单一，主要是由我和孩子爸爸两个人陪伴。我发现孩子很难和其他成年人亲近，就算很熟悉，他也不会和其他成年人一起玩儿。他和同龄小朋友相处得很和谐，也会表达喜欢和想念，但唯独对成年人会有距离感，请问海夫人这正常吗？需要家长引导孩子和成年人多交往吗？

海夫人：我小时候就喜欢独处，我不仅无法和成年人打成一片，也无法和同龄孩子在一起玩儿，我现在也是这样。你的孩子只是比较难以和成年人亲近，和同龄孩子相处得很和谐，这已经比我小时候好多了。

我从小就不喜欢与人亲近。我小时候，妈妈总说我不主动、不热情，见人不笑，也不打招呼。我妈妈甚至觉得我给她丢面子。

虽然我不合群，不善言谈，也不善察言观色，但我的自我成长情况很好。我从小就喜欢看书，特别喜欢看精彩的故事。我喜欢静，爱思考，我一直在成长。现在，我也不把时间耗费在与人打交道上，而是用在看书和独立思考上。我的性格内敛、随性、自由。

我儿子也和我差不多，极少说话。他小时候遇到人很少开口说话，连简单的"阿姨好"也不怎么说。周围的人经常说他是"金口"，我从未附和别人说过什么，私底下也没说过。我尊重他，如果他喜欢交朋友，他会主动与人交往的。每个人做事的内动力都是天生的，家长不破坏它，就是对孩子最好的保护。

我并不是没有朋友，只是朋友少些。我想和朋友聚会时，会主动去约他们。

没有看见自然无法共情

孩子大多会喜欢和同龄人一起玩儿，因为有共同爱好容易玩到一起，那些不喜欢和别人玩的孩子主要受到家庭环境的影响。

我的父母都是在单亲家庭中长大的，他们不擅长交际，我和老公也不擅交际，我儿子受到影响，也是这样的性格，这不是很自然吗？

我接纳自己的状态，不觉得这样有什么不好或不妥。我接纳自己的性格，不会以"他"标准来强行改变自己，所以我也接纳孩子的这种状态。

当家长质疑孩子某个方面时，要先看看自己在这方面是否特别擅长或做得特别好。如果自己在这方面也有欠缺，那是不是先从自己开始努力才能言传身教呢?

家长单方面盯着孩子,认为孩子不正常,试图改变孩子或纠正孩子,这个思维逻辑是不是有问题呢? 如果孩子自己觉得快乐且自然,并享受这样的状态,那么孩子不想和其他成年人亲近而愿意和同龄孩子玩儿也没什么问题。

如果家长只能看到自己头脑里的标准、想法,只会评判、套概念、说对错,无法"看见"孩子,不知道孩子的真实感受和想法,自然无法共情,也无法表达爱。

妈妈不愿意，这没有错

莫愁：我女儿 11 岁，我让她自己扎辫子，她总是找各种理由让我帮她扎。如果她赶时间，需要我帮忙，我会帮她的。但过后她会找各种理由让我继续帮她扎。以前，我会让她自己做，如果遇到困难再寻求帮助。现在，我会直接表达自己不愿意帮忙，也不会讲一大堆道理。请大家帮我看看有没有问题，到底是帮还是不帮呢？

海夫人：家长做得没有错，当妈妈不想帮女儿扎辫子时，直接表达"妈妈现在不想帮你扎辫子"。家长只是正面表达，没有指责，没有讲道理，界限明确，不纠结，不道德绑架，也不情绪绑架。

这里只有事实（界限），没有对错，没有应该和不应该，也没有其他事情。

如果家长想帮忙，就愉快地答应；如果不想，就如实告诉孩子自己不想。

很遗憾，多数家长不会爽快地正面拒绝，只会不情愿地帮忙。

很多家长每次帮忙时都会带着头脑中的幻想，担心迁就孩子会导致孩子将来什么都不会做。家长要是不拒绝，帮孩子时又不情愿。

这就容易导致孩子相信虚假的完美父母的人设。他们触碰不到真实的父母，孩子和父母都无法感受到明确的边界。他们会因为一件小事就陷入纠结、别扭的状态，双方都会很混乱，也都会很累。

家长遇到此类事情，不需要讲大道理，做真实的自己就可以，不愿意就正面拒绝。拒绝后孩子会有情绪也很正常，关键问题是孩子有情绪后家长能否正确面对。

孩子生气后，很多家长立刻表现出难过的情绪，觉得孩子不应该生气；或者孩子一有情绪，家长既着急又焦虑，急着去安抚孩子的情绪，急着让孩子的情绪消散，急着要孩子高兴。孩子有了情绪，家长无法起到情绪容器的作用，帮不上孩子。被这样教育出来的孩子自然没有多少心理空间能解决遇到的事情，他们遇到很小的拒绝就难以承受。

家长无法"看见"孩子，不接纳真实的孩子，不允许孩子有坏情绪，不会及时回应，自己更是不做真实的家长。孩子触碰不到真实的家长，无法知道边界在哪里，又得不到家长这个情绪容器的保护（看见、接纳、允许、回应）。那些被拒绝就满地撒泼打滚的孩子就是如此。

自己没有的，就无法给予别人

真正的看见就是活在当下的状态

我在书中或文章里经常会提到，抽动症的症状表现提供了康复的机会（失去内平衡，症状就会表现）。当孩子有症状表现时，家长可以去看其背后的薄弱点，引导孩子面对。在面对的过程中，孩子自身由弱变强，这个过程就是康复。

孩子一有症状，有的家长就开始"想"（家长陷入头脑剧情思维模式），家长越使劲"想"，越会被头脑剧情主导，脑子异常活跃，也很混乱。他们会想孩子有什么压力？有什么不开心？有什么不舒服？这种在头脑思维模式指引下的"想"，自然会让人越想越找不着边界。

我之前（孩子小时候）和孩子的亲子关系非常好，孩子对我无话不说，于是我能随时了解孩子。

孩子小时候，有段时间抽动症很严重。我爱他、关心他，但这个爱和关心不是像监控一样 24 小时盯着孩子，不是一看到孩子出现症状就紧张、焦虑。

我的爱是看见，是活在当下的状态，当孩子的症状频发时，我能看到孩子的痛苦。

看见才是爱，真正看见才会接纳并允许，才有可能及时回应。

真正看见孩子时，你内心出现的是和孩子基本相同的感受和体会，那一刻的共情是真正的"神入"，能让你做出恰当的回应。这个回应是在内心声音的指引下，头脑思维所配合的行动。这时候爱带给人的整体感受是稳定和慈悲。

看不见孩子时，家长的内心是没有感觉、没有声音的，是空的。头脑高度运转，内心的过度焦虑引发了身体的不舒服和烦躁情绪。

一个人只有能够自我觉察和看见，才能区分出这两种状态，并明白这两种状态完全不同。

看不见孩子时，在那个当下，头脑思维模式剧情会接管你，你没有机会和真正的自己（你的心）连接，你第一时间就进入了后天头脑思维模式剧情的掌控，各种"想"便开始了。这个时候你会焦虑、抓狂，你会思考怎样做才能让孩子正常（没有症状）。

真正看见孩子时，在那个当下，你和真正的自己（你的心）连接在一起，爱会出现并开始起作用。你"看见"了孩子，接纳、理解孩子，温柔地面对孩子的一切情况。你不会排斥、恨孩子。

没有真正看见，爱如何出现？

由头脑主导出现的焦虑、躁狂状态和内心出现的爱，指向完全不同。

焦虑、躁狂指向分裂、恨，而爱指向融合、修复、滋养。

我之所以不会因为孩子出现症状而焦虑、紧张、烦躁，恰恰是因为那一刻我"看见"了孩子，我能听懂孩子的语言表达。我活在当下，我不会也没有机会被后天头脑思维模式剧情掌控。我在爱的指引下做事（行为），而没有在头脑的指引下"想"。

有的家长在孩子出现症状后，会反复问："孩子怎么这么多症状？怎么办？"那个时候如果他们能够自我觉察，就会发现自己根本没有"看见"孩子，他们看到的都是头脑里的各种恐惧和担忧。

爱的能力就是活在当下，和真实的自己连接的能力。一旦进入后天头脑思维模式剧情的掌控，爱就会变味。

人给不了别人自己没有的东西

如果一个人还在"精神生存"的层面上挣扎，忙着自恋、自卑、自私、自大……他哪儿有能力看见、欣赏、满足另一个人？

有家长甚至以孩子的抽动症为理由或借口，问我："对方如此糟糕，是不是离婚了孩子才有希望（离婚，孩子的抽动症才有机会好转）？"

我的答案通常简单、干脆、直接、界限明确：是否离婚是成年人的事情，也是成年人自己的选择，和孩子没有关系，不要攀扯孩子。如果攀扯孩子，你将来还会抱怨孩子："我为了你和那个人离婚了，你还不乖乖的，你怎么还是这样呢？"成年人想不想离婚，想要怎样生活，这是成年人自己的事情，也是成年人自己需要面对和考虑清楚的，这和孩子没有关系。

如果你想要更好的爱、更好的婚姻、更好的亲子关系，那就让自己成长。你成长了，水平更高了，就会有层次更高的精神状态。

养育的本质就是家长的自我成长，你的人格成熟度、心理认知水平、心智成熟程度和精神层面的发展情况，决定了你能给出怎样的爱，而自己没有的东西你是无法给予别人的。

你是希望自己更好，还是只为"甩锅"

很多人终其一生都在不满足的状态里循环，自己无法给别人什么，却希望从别人那里有所收获。成年人中有很多"巨婴"，他们忙于投射自恋，弥补自卑，满足自私和自大的心理。终生得不到成长的人，缺乏内驱力，他们总是花时间向外找、向外看，等着"救世主"拯救他们，或者等着某个"贵人"直接把他们带入幸福美满的生活。

长期抱怨、不满的人，他们的思维逻辑是向外的，遇到事情，他们向外看到的都是问题，而且都是别人的问题。

遇到事情向外看，看到的往往都是问题，只有向内看才能成长。

从不知道到知道需要过程，从知道到做到也需要过程，一个过程不能完成，就不能进入下一个过程。

领悟力、独立思考的能力是任何人都无法给你的，需要你自己向内看：承接，思考，反省，自我觉察和看见。

只要心智成熟了，你遇到事情时，自然有能力轻松地面对；而心智不成熟，再简单的事情你做起来也非常困难。

如果你想要的不是成长，不是遇到更好的自己，不是提升自己的人格成熟度和心理认知水平，不是健全心智，不是更好地爱自己、爱孩子，甚至不是更好地面对生活，那么你保持现有的心智状态也可以，只是不要责怪任何人，尤其是孩子。

真爱的格局

小小：我担心孩子写不完作业被老师批评，孩子也紧张、焦虑，害怕我不满意。我觉得孩子的心理状态特别不好，他总是提心吊胆、不自信。

成都8岁女孩的家长：我女儿在小学一年级有段时间完全失去了自信。那时，她虽是学习委员，学习状态却很差，没能入选"红领巾"评选。她是很要强的人，"红领巾"没评选上，当天晚上回来她就开始全身皮肤发痒，耳朵和皮肤发红，她过敏了。

我很清楚这是心理状态引起的身体反应，所以也没让她服用过敏药，只涂了止痒的药膏，过了4天，她的过敏症状就慢慢退下去了。

我了解我的女儿，知道心病得靠心药医，那天晚上，我和她谈起"红领巾"评选的事，她大哭了很久。

我想宁可现在让她经历这些小事，也不希望她将来长大面对打击而无力爬起来，那时她身边可能没有理解、安慰她的人。

从那之后，她坚决要我帮她回到一年级上学期的学习模式。我和她聊学习的事情，她不再反感，可是具体落实时又出了问题。她会烦躁发火，做错的不准提，我也一头雾水。问题到底出在哪儿呢？

我认为小学阶段是培养孩子好的学习习惯、激发孩子的学习兴趣，只要孩子能坚持预习，按时完成作业，再做些教辅练习就可以了。我咨询过高中生，他们也一致认为小学课业过于简单，不一定非要养成做教辅练习的习惯。

于是我调整了她的学习计划，最后，她期末考试时又考得很好。

暑期我给她报了跳绳训练班，希望她能多练习。我想让她找回自信。

二年级开学后，她的学习状态又变差了。老师打电话跟我聊了孩子的情况。孩子知道后，很担心我批评她。我告诉孩子，老师觉得你的作业质量有点差，老师认为你以前是好学生，也是同学们的榜样，你以前能做好，现在也一样能做好。老师也看到了你努力练习跳绳，这证明你很有毅力。在学习上你一定能表现出色，成为班上的榜样。

这些都是我自由发挥的。通过这件事我也明白了，老师不欣赏她、不重视她，而她强烈希望被老师"看见"。她学习成绩的起落是对老师的对抗，可越对抗，老师越不喜欢她，她的挫败感越强。

在我和她谈完后，她不敢相信老师在默默地关注她。于是，她改变了，老师也真的开始"看见"她、重视她。她在学习时也越来越自觉。老师见到我就说孩子进步很大，从开学到开学后第四个月，她的学习状态又好又稳定。

现在我再也不催她学习了，她有了自己的学习计划，字也越写越好。最近我提醒她忘记做一科寒假作业，她也不会发火，拿起来就开始做。

对于学习问题，我觉得不能逼，也不能催。在学习开始前和开始后，家长都不能让任何不愉快的情绪影响孩子。

我看到很多高中孩子都是从小被家长各种"打鸡血"，最后出现了心理失衡问题，有的还很严重。学习靠的是内驱力，靠的是快乐、轻松的心情。我现在宁可孩子慢一点，不催、不逼、不急，让她感受学习的快乐和轻松。日积月累，这就会成为强大的学习兴趣及力量。

好好说话、积极正面引导孩子，家长就是给孩子最好的榜样。如果孩子是学习之才，将来必定能学有所成，如果孩子不是，那他也积累了追寻幸福的底气。

真爱的格局注重的是过程，以及过程中的彼此看见、连接、表达、参与和共同成长。

孩子的糗事，源头是不接纳

让我们看看以下群聊天信息。

西安 6 岁男孩的家长：孩子摸屁股后闻手，我们一直忽略，但是他有时对我们说他摸屁股了，又闻手了。请问我要怎么和孩子说呢？我说"没事儿，你闻吧"好像不对，我说不让他闻也不对。

深圳 10 岁女孩的家长：如果是我，我可能会问得深入一点儿。"摸也没关系，你是不是担心屁股有味道呢？"

孩子的行为应该是有原因的，家长可以试着了解一下孩子内心在顾虑什么？

孩子可能担心屁股没擦干净，这个可能和大人太爱干净或者大人在语言或行为上曾表露对这方面的嫌弃有关。

如果是这样，家长可以这样和孩子说："我来闻闻，你的小屁股香香的！你是怎么洗得这么干净的呀！"

当孩子相信你的话后，便不会再有这样的行为了。

家长的表达一定要是发自内心的，孩子才会慢慢消除从前的心理阴影而相信。

西安 6 岁男孩的家长：谢谢！我试着问过他，他说觉得好玩儿，就是想闻。他一般是写作业时会摸，平时几乎没有这样的行为。我怀疑是写作业让他紧张和有压力，我们从态度和家庭环境入手是否好一点儿？

深圳 10 岁女孩的家长：可能是以前别人不喜欢他这么做，导致他现在反而更想做，所以他说觉得好玩儿，但也不一定是这样。有时候孩子不想让别人知道不好的想法，就不会说出来。如果你太着急上卫生间而不小心弄脏了衣服，那你肯定想在没人知道的情况下偷偷地处理好脏衣服，哪怕是你的亲人看见你在洗手，你也会假装什么事都没发生一样。

不管是什么原因，也不管是什么心理导致的，建立亲密的亲子关系都能帮助你更了解孩子的内心，并帮助他排忧解难。孩子内心充满阳光、自信后，他的一些行为也会在不知不觉中消失。

有的孩子对别人禁止的或不认可的事情，反而总想偷偷尝试，从中寻找刺激和乐趣。这仅仅是分析，你的孩子不一定就是出于这种原因。每件事情的原因都在孩子的内心深处。

人的糗事和内心的阴暗面，只有这些人自己知道；或者在环境包容性极强的情况下，他们也愿意说出一些。如果是一些大众不认可的阴暗面，即使说出来，他们也会不由自主地找理由来让自己显得好一些。

能把自己的糗事和阴暗面坦诚说出来的人，一定是内心对自己接纳度非常高的人。他们小时候，父母往往非常开明，对他们的脏、乱、差等各方面的接纳度也非常高。

父母能接纳孩子不好的一面，孩子就会接纳自己不好的一面；父母喜欢孩子，孩子就会喜欢自己。这是孩子内心阳光、自信的基础。

人只有整合好自己好的和不好的一面，才能成为一个完整的人，才能更健康地完善自我。如果孩子不能接纳自己不好的一面，他们的人格就是不完整的，他们的内心深处总是自卑的。

海夫人：深圳 10 岁女孩家长的这番话，让我打心底佩服。她的这番话是否会让那些整天以"超高道德标准"来育儿的家长反思呢？

在睡眠训练中意外夭折的婴儿

睡眠训练中死去的婴儿

有一件事，让很多人感到震惊、痛心并难以理解。

一位妈妈参加了婴儿睡眠训练班（"睡眠引导付费班"），随后她开始训练自己三个月大的孩子独立睡觉。

妈妈和婴儿分房睡或许是在睡眠训练班的指导下进行的。妈妈让婴儿趴着睡，婴儿趴着睡时压住了口鼻，不舒服，所以一直在哭。妈妈在房间外通过监控装置看到了这一幕，还录下了婴儿哭的视频并询问群友"这样哭没事吧？"。

群友回答说："不是大哭就没事。"

于是这位妈妈就任由孩子哭。两小时后，这位妈妈去给孩子喂奶，发现孩子死了。孩子独自一人在房间里趴着睡，三个月的婴儿还不会翻身，是被活活闷死的。

婴儿死前哭着求救，而妈妈就在门外，却没有想着进去看一下孩子，而是到群里问别人该怎么做、是否要紧。

这就是典型的没有"看见"孩子。孩子在房间里一直哭，是在表达、呼救，而妈妈在那一刻和别人"共生"，她在群里问群友："这样哭没事吧？"

妈妈因为界限模糊而缺少担当（有界限才有担当）。妈妈在那一刻和别人"共生"，把别人的意见当成自己的意见，失去了独立思考的能力。群友回答"不是大哭就没事"，于是妈妈放下心，任由孩子哭。

妈妈在那个当下"看不见"孩子，也"听不见"孩子，更感受不到孩子的需要，她无法和孩子产生连接。

爱源自每个人的内心，正确的头脑认知也可以指引内心；但是如果心被蒙蔽了，头脑也迟钝了，人就完全蒙了。

三个月大的婴儿，哭是唯一表达方式

三个月大的婴儿的唯一表达方式就是哭。不舒服了，他会哭；饿了，他会哭；不高兴了，他会哭；痛了，他会哭。

而这位妈妈却把一个三个月大的婴儿置于孤独和危险中，不回应、不理睬，最终造成小婴儿的死亡。

婴儿的睡眠需要训练吗？

吃、喝、睡、拉是人的本能，只要没有外界因素（人为因素或环境因素）的强力干扰，一个人在出生后就会自然做到这些。

家长为什么要训练孩子睡觉？

　　一个孩子只要不是"从石头缝里蹦出来的"，就需要养育者的辛苦养育和付出。

　　有的婴儿会睡反觉，比如我儿子，婴儿期完全睡反了，晚上不睡，白天睡，并且睡觉轻，一次睡眠时间短（每次就睡两小时左右）。我当时特别辛苦。

　　我的孩子在婴儿期从家庭环境、身边的养育者这里感受到的就是不好的信息：抱怨、恨、焦虑、烦躁，那时我的状态极为不好，所以影响了孩子。如果那时我再愚蠢地去训练孩子睡觉，对我的孩子来说就是雪上加霜。我的孩子能否经得起这样的二次摧残？

　　我在《爱是最好的良方》中分享了我安抚孩子的方法，这些方法使我的孩子的睡眠情况逐渐改善。

　　我并不是训练孩子睡觉，如果我训练孩子睡觉，孩子只会出更多、更大的问题。我是用袋鼠妈妈的方式，用爱安抚孩子：内心带着爱，深度抚摸孩子、安慰孩子、看见孩子。

　　我们是在养育孩子，不是训练"工具"人。

第五章

没有界限意识的"混乱"

商场要关门了，孩子哭闹着还想玩，怎么办

没有界限意识，简单的事情变复杂了

沈阳4岁男孩的爸爸：现在我和爱人对孩子哭闹这件事产生了分歧。比如，商场都要关了，孩子哭闹着还想玩，我的想法是让他哭，不要惯着他，而他妈妈的想法就是买东西哄着他。我想听听大家的建议，是应该哄他还是让他知道哭闹是不对的？我爱人认为应该让孩子心情愉悦，不管他怎样哭都要哄他。我现在对这一点很迷茫。

海夫人：这里只有事实，事实就是界限。"哭闹"是成年人对孩子表达情绪给出的评判，也是没有界限意识衍生出来的。

对于这件事情，事实是商场要关门了，大家都需要离开商场。事实就是边界，也就是大家都要遵守商场要关门的规定，所有人都必须离开。

这个孩子为何会不肯离开并哭闹呢？很简单，他没有界限意识，不知道这件事情的边界在哪儿。

孩子为何会不知道呢？ 这是因为家长的养育方式对孩子产生了影响。

家长没有界限意识，只要孩子不高兴或有不好的情绪，家长就急着哄。

孩子知道"我只要哭一哭、闹一闹，就什么都有了"，于是哭闹就成了孩子的武器，也成了任性的源头。

告知事实，允许情绪产生，接纳并回应

家长要直接告诉孩子商场要关门了，告知孩子这个事实：所有人都必须离开。

孩子还想玩且有情绪，这是正常的。让孩子正常表达情绪，家长接纳并允许孩子表达情绪就好，然后做出回应，比如搂着孩子或静静地陪着孩子。

在那个当下，家长的情绪以及行为的表现和反应才是最重要的。

没有界限意识的家长在那一刻会把孩子的情绪当成自己的，拼命用各种方法哄孩子，希望孩子不哭，希望孩子开心。

情绪是用来表达的，孩子在那个当下就是需要发泄一下。他玩得正高兴，却突然被告知商场要关门了，所有人都必须离开，他不开心，这就需要及时表达出来。

情绪需要的是健康且自然的流动，需要被看见、被接纳、被允许、被回应，而不是被否定和被阻断。

每个人都对自己的情绪负责，作为父母，看见、接纳、允许孩子有

情绪，并尽可能给予回应，这就足够了，这个过程就是表达爱的过程。

家长爱孩子并不是要对孩子的情绪负责，更不是为孩子的情绪买单。一味"哄"孩子，和爱无关，是家长自身状态的投射。

有界限，自然不容易任性

界限就是你只能做好属于自己的这部分，而在你界限之外的任何事情都无法被你管控。界限就是你做好自己的事，他人的事由他人负责。如果你就是想通过自己改变或掌控他人的事，那就是越界。

没有界限意识的人，容易进入任性的状态和陷入自恋幻想。

在看到"商场要关门，所有人都必须离开"的事实后，家长也要"看见"孩子想继续玩的心理需求，接纳、允许孩子负面情绪的发生，然后尽可能回应孩子："嗯，宝贝玩得正高兴呢，商场要关门了，宝贝还没玩够，所以有点儿小郁闷。"

我们要学会区分情绪：我看到你的情绪了，我接纳并允许你情绪的发生，我也能够回应你，但是我不为你的情绪负责，不为你的情绪买单。我不会拼命用各种方法哄你，让你离开当下的情绪事实，进入另一个我虚构出来的美好中，比如：妈妈给你买好吃的或答应你无厘头的条件。

孩子有一点儿不满意就大吼大叫

美好：海夫人，孩子只要有一点儿不满意就大吼大叫，一副咄咄逼人的样子。这时我应该怎么做？我越忍耐，他的吼叫声越大，我做不到这个时候还能去抱他，他像一个魔鬼，对我张牙舞爪。我和孩子爸爸特别伤心。老师认为他的作业质量太差，我在检查孩子的作业时也发现了这个问题。我耐心地和他说作业上的错题，而他会立刻暴跳如雷。

第一种可能是：情绪的相互纠缠

海夫人：孩子有一点儿不满意就大吼大叫，他没有界限意识，比较容易进入这种任性的状态："你要对我的情绪负责，我不高兴都怪你，你惹我生气、发脾气。"

人在情绪中没有界限和度，就失去了担当，有界限才有担当。每个人都要对自己的情绪负责，即使亲人、朋友也不能为他的情绪买单。

孩子的情绪表现，说明孩子和家长之间的情绪处于相互纠缠、绑架的状态，这可能是前期的养育方式（"共生"养育）导致的。

第二种可能是：想和真实的家长在一起

这里还有一种可能就是，家长在孩子面前每次都呈现完美的一面，呈现的是一个完美的"假自我"。

比如家长明明对孩子的行为生气、不满意，表现出来的却是曲意逢迎；明明不想和孩子在一起做某事，却没有直接拒绝或告知，而是找许多冠冕堂皇的理由；明明在那个当下不高兴，却装作很高兴的样子去奉承孩子。

如果孩子出生后面对的是这样一个虚假的完美家长，因为触碰不到真实的家长，孩子和家长在一起时就会莫名其妙地感到烦躁、愤怒。真实的家长（真实呈现的就是事实，事实就是界限）就是边界。孩子长期处于虚空中，没着没落，不知道边界在哪儿，就会经常不明不白地大发脾气。发脾气的目的也是唤来真实的家长，是彼此"看见"（看见才是爱），是获得真正的爱，从而获得滋养。

家长发现作业错了告知孩子，孩子会暴跳如雷

如果孩子从小面对的空洞的表扬太多，那么孩子会一直处在"我很了不起，我是完美的，我无所不能"的高度自恋幻想中。这样的孩子是脆弱的，只能接受表扬而不能接受批评。批评就意味着破坏了他那个"厉害的假自我"，所以他会暴怒（也叫自恋性暴怒）。

空洞的表扬就是没有界限意识的表扬，这种表扬里没有具体的事实（事实就是界限），比如"你真厉害"（具体哪方面厉害呢？），"你真棒"（具

体哪方面棒呢？），"你太了不起了"（具体哪个地方了不起呢？）。

表扬需要具体化。对孩子的鼓励要以具体事件为基础，家长不要空洞地表扬孩子。

孩子每天哭，妈妈如何面对

觉察和看见，不评判

如意：曾经有个家长跟我说，她女儿在幼儿园（小班）放学后会哭一阵儿。她女儿比较喜欢幼儿园，在幼儿园也没遇到什么不顺利的事情，孩子也说不出为什么，就是每天放学回家都会哭一小时左右，家长怎么哄劝都没用，她平时喜欢的动画片、食物、玩具也无法吸引她，她就一直撕心裂肺地哭。后来，那位妈妈就只是坐在孩子身边，有时候会抱着她，直到她停止哭。这种情况大概持续了半个月，孩子有一天突然不哭了，之后就一切正常。

海夫人：孩子刚开始哭的时候，家长也是各种哄劝，希望通过各种办法让孩子不再哭。后来家长醒悟了，也许是对这件事情有了觉察，家长没有去评判孩子哭这个行为，而是看见并接纳了孩子的情绪表达。孩子可能仅仅是想哭或需要哭，当家长能够看见并接纳孩子表达情绪的行为时，就能允许孩子的行为。

有了觉察和看见，不评判、不套概念、不说对错、不进入后天头脑"小我"的思维模式剧情的掌控，家长便能立刻看到事实，活在当下，即看到事情本身，而不是"小我"曲解后的另一个样子。

妈妈界限明确地活在当下，自然能温柔地面对孩子

妈妈有了觉察，能够活在当下，自然能温柔地面对孩子。

孩子哭时，守着孩子或抱着孩子。守着边界，看到事实，孩子想哭就让她哭，仅此而已。

孩子有时候就是想哭或需要哭，那些拼命阻止孩子哭的家长：

第一，没懂情绪，不知道情绪需要的是健康流露，而不是否定和阻断；

第二，没有界限意识，总想通过自己的行为改变孩子。

家长做好自己就可以，不一定要让孩子按家长的意愿改变。家长做好自己，孩子的事情交给孩子，交给时间，交给因果规律，这就是界限。

孩子看到东西就要买，家里已经有不止一个

今生：有一次，孩子在博物馆门口玩，她看到卖小鸡的就想买，当时家里已经有三只小鸡了，我便没给她买；家里原来有个气球，后来破了，她看到卖气球的就要买，我给她买了一个；后来她又看到卖泡泡机的，我也给她买了。玩了一会儿，她看到卖消防车玩具的，又想买，我没有同意。结果下班回家，孩子午睡醒来就发脾气，说我不给她买消防车玩具。我到底该不该买呢？如果孩子没完没了地要东西，我也满足不了啊！我们家平时都很节俭。

海夫人：有条件可以满足就大方满足，如果经济能力有限就如实告知孩子，可以对孩子说："爸爸妈妈的零花钱每个月有定量，如果零花钱超支，那么生活费或其他的费用就要缩减；每个月的收入不能全部花光，还要储蓄以备不时之需。"如果孩子年龄小听不懂，那么妈妈就直接拒绝孩子："妈妈不想买，妈妈不同意"，而不是一边舍不得买一边又怪孩子乱花钱。

这和家长自身毫无关系，这里只有界限问题。家长界限意识模糊，孩子的脾气就会大。家长的态度会让孩子不知道事情的边界在哪里，孩子会迷失而不知所措。

孩子有情绪是正常的，这时只需要看见、接纳、允许孩子有情绪，并做出回应。这个做出回应不是哄孩子，更不是对自己没给孩子买玩具感到愧疚，而是对孩子情绪的理解和接纳。

如果家长认为是自己没有满足孩子，孩子才这样大闹的，孩子以后可能会变本加厉，闹得更厉害。界限意识模糊的家长或没有界限意识的家长，很容易进入这样的纠缠状态。家长无法区分事实和情绪，经常把事实和情绪混为一谈。

孩子提出一个要求，这是孩子的想法，提出权限在孩子；家长无须对孩子的要求、想法进行评判。

家长是否愿意满足孩子的要求，这是家长的权限。

有界限才能各自独立。孩子可以有想法、有要求，家长根据实际情况做出回应（满足或拒绝），这是特别自然的事情。

一个6岁孩子的心理问题

六一：我女儿今天吓到我了，我担心她是不是有什么严重的心理问题，她说以前看我和她爸爸聊天，不理她，就很想伤害我们。我说那你为什么没有伤害，她哭着说"舍不得"。我对孩子说"妈妈感谢你，你心里的小天使战胜了小魔鬼，你保护了爸爸妈妈"。我女儿现在不许我和她爸爸说话，她觉得我和她爸爸聊天就是不爱她，就是更爱爸爸。我从来不知道自己的孩子会有这些想法，不知道怎么办。

家长对孩子的想法过度紧张

孩子曾经的一个想法就让这位家长如此紧张并误导自己和孩子。其实想法和情绪一样，只需要被看见并被及时回应和疏导，而不需要被评判，更不要被贴标签。这只是一个想法，想法可以像泡沫一样一吹就散。如果用评判的方式对待一个想法，那就是人为地抓住这个想法不放，这个想法会在个人头脑的主导下反复出现。

对家长而言，孩子的一个想法令家长紧张，于是家长评判孩子的这个想法，给这个想法套概念、贴标签。这就是家长硬将这个想法塞给孩子，这样做的危害比心理暗示的作用和力量更大。

孩子对母亲的过度依恋

杨绛在《我们仨》这本书中，记录了一件钱瑗的童年趣事。

当时钱钟书因为工作问题，连续两年没回家，等他再见到心爱的女儿时，女儿已经认不出他了。

钱瑗看着钱钟书对妈妈又抱又亲，十分生气。于是她拉开钱钟书，气鼓鼓地说："这是我妈妈，你妈妈在那边。"

钱钟书和杨绛被逗笑了。

钱钟书蹲下来，问道："好，那我考考你，你说是我先认识你妈妈，还是你先认识？"

结果，钱瑗一本正经地说："自然我先认识，我一生出来就认识，你是长大了认识的。"

此话一出，杨绛又惊又喜。这句话给她的印象太深刻了，哪怕到晚年，她依然清晰地记得每一个字。

我儿子五六岁时也是如此。他爸爸因为工作忙不常在家。他回家后自然和我有很多话说，我儿子见到便会不高兴。

我和他爸爸正说着话，他会气呼呼地走过来插上一句："只和爸爸说，也不和我说。"

我和他爸爸拥抱，他特别生气地跑过来对我说："妈妈你只抱爸爸，不抱我，我生气了。"然后他真的往地上一躺，眼睛往上翻着不看我，气呼呼地把双臂抱在胸前。

我和他爸爸坐在一起，他会马上跑过来坐我们中间，把我们分开。

那个时候，我对儿子的这些举动都是呵呵一笑，然后会马上和他说话，再抱抱他。

每个人的成长都会经历这个阶段，即依恋妈妈，觉得妈妈属于自己并且只属于自己。弗洛伊德将人格发展理分为五个阶段，在其中第三个阶段（3~6岁），儿童将经历俄狄浦斯情结，也就是恋母情结。

孩子的情绪无法及时表达

如果孩子在爸爸妈妈面前不能轻松自然地表达自己的情绪，那么那些无法表达出来的情绪就会引发更糟糕的想法。

我儿子小时候充分表达了自己恋母的感受，甚至对我说过："妈妈，等我长大了就和你结婚。"

后来，我儿子慢慢就没有这些行为了，因为他知道爸爸妈妈是夫妻，是亲密伴侣，爸爸妈妈都爱他。

过度依恋母亲的背后原因

孩子6岁了，却不许妈妈和爸爸说话，这说明孩子和妈妈相处得多，而且妈妈和孩子共生，而爸爸参与育儿少，爸爸和孩子的关系比较疏远。这时孩子自然会认为妈妈是属于自己的，而爸爸如果靠近妈妈就是要抢走妈妈。每个孩子都会经历这样的过程，过了这个阶段后才逐渐分清妈妈和自己是各自独立的两个人（有界限意识），妈妈并不专属于自己。

孩子过度依恋妈妈，并不是有心理问题了，这只是在以妈妈养育为主的育儿模式下必然会出现的成长过程。今后只要爸爸多参与育儿事务，妈妈和孩子分清界限，不再继续共生，孩子就会慢慢独立而成为自己。

上纲上线就是界限不明

孩子的一个想法就让妈妈如临大敌、上纲上线，为何会如此呢？

妈妈界限不明，无法区别、分化。她不知道想法是想法，情绪是情绪，行为是行为。

我们只要醒着，头脑里就有无数的想法，而且每个人的想法都是千奇百怪的。无论你在做事还是闲着，你的头脑都不会停止思考。只要活着，你就会有想法。

如果要精准地审视每个人的想法，那么这个世界里恐怕都是"有罪的人"或如同这位家长所表达的"每个人都有心理问题"。

我孩子小时候曾经历严重的抽动症爆发期。他走路是往前走三步再往后退一步。走路方式这么奇怪的人自然会被一些有闲心而又没有足够同理心的人不礼貌地盯着，我自然是非常生气的。我会盯着对方，恨不得眼睛里能放出飞镖，射中对方的眼睛。这就是我当时的想法，如果按严格的道德审判标准，按这位妈妈的思维逻辑，那我一定有严重的心理问题。事实证明无论我怎样恶狠狠地盯着对方，我的眼睛里也不会放出飞镖，对方也仍旧好好的。后来，那些人发现了我恶狠狠的眼神，似乎明白了，立刻不再盯着我的孩子看。这一切发生时，我的孩子毫不知情。他不过七八岁，在我的眼里他是世界上最可爱、最宝贵、最优秀的孩子。

有了这次经历，如果我对自己上纲上线，那么我会进行自我攻击、自我批评、自我审判：我多恶毒，居然希望眼睛里能放出飞镖射中别人。

那次送孩子到学校后，我很快丢开这件事情，因为我知道，我的想法是基于情绪的发泄，是很正常的。

想法是基于情绪的发泄

想法是基于情绪的发泄，孩子的想法背后是什么呢？

在有些家庭中，夫妻关系落在了亲子关系之后，妈妈很可能晚上一直带着孩子睡，而爸爸单独睡；日常生活中爸爸参与育儿的时间太少，爸爸和孩子之间的互动过少；妈妈和孩子紧密相依，妈妈和孩子共生，而爸爸基本是一个"隐身人"。

因此，妈妈不能上纲上线，不能认为孩子有严重的心理问题。也不能用成年人的尺度和标准盯着孩子、评判孩子。妈妈应该通过这件事看到家庭中、育儿中存在的问题，并做出调整和改变。比如不再和孩子共生，明确界限；要求爸爸参与养育，多和孩子互动。否则，孩子极有可能停在这个阶段，而随着孩子的年龄增长，这必然会对他有影响。

看见才是爱

对于孩子的行为和情绪表达，妈妈是否看见了呢？

妈妈没有看见，她第一时间陷入了自己后天头脑的评判。后天头脑给出的评判就是：孩子这样不对，孩子有严重的心理问题，这很可怕。

评判一出，真正的分寸和界限也就消失了，家长会跟着这个评判标准走。

这个时候如何能看见孩子的行为、情绪，知道问题所在，然后积极、正面引导和帮助孩子呢？

看见才是爱，评判即伤害。

孩子出现问题，本是在向父母寻求帮助和正向的引导，渴望得到爱，但是妈妈"看不见"孩子，爱怎么会出现呢？

保持自我觉察和看见，明确界限

头脑越频繁地越界改写真实信息，引导你陷入头脑思维模式的脑神经回路，你越容易被后天头脑的"小我"控制，无法和真实的自己连接。情绪、想法无法真实呈现和表达，无法自然、健康地流动，日积月累，就会产生淤堵。而情绪、想法淤堵不通后，障碍就会出现，问题才真正产生。

对情绪、念头、想法保持自我觉察和看见就好，能够保持自我觉察和看见，才不会失去界限。这样，情绪、念头、想法会如流动的水、流动的空气，自然健康来去。你会看到那个当下真切实在的内容，不会任由头脑越界抹杀或篡改这些真实的信息，不会对想法苛责并上纲上线，不会把想法当成事实，不会追逐着想法进入头脑剧情，并且分不清头脑想法（剧情）和当下事实。

告知孩子事实

让我们来看一段信息。

金刚：海夫人，你好。孩子在学前班上课时，有时候想哭，但又怕被其他小朋友或老师看到自己哭。老师对孩子说下次课堂上哭哭啼啼就要挨批评，这种情况应该怎样疏导孩子呢？

告知事实

海夫人：家长在这件事情里，好像只看到了孩子的情绪，希望通过疏导让孩子不再害怕也不再想哭。其实在这种情况下，家长不用疏导孩子，而是要对孩子告知事实。事实就是在集体环境中需要遵守一些共同的规则，比如大家在上课，孩子不能在课堂上哭。如果他确实想哭，可以举手向老师申请离开教室，到外面哭。这个是可以的，在外面哭不会打扰其他小朋友上课。

家长需要让孩子知道事实，从而做出合适的选择。这个合适的选择可以让自己舒服，也能让教室里的老师和其他同学舒服，这才是面对这件事情的最优选择。

家长需要告知孩子，上课时想哭，这是情绪事实。孩子想哭、想表达是没错的。孩子想哭又不敢哭，怕被老师或其他小朋友看见，而且老师看见会批评，这是"上课哭"这个行为可能带来的后果或影响。这时家长需要帮孩子厘清情绪事实和行为事实。

知道了事实，接下来就是让孩子自己选择。孩子可以选择上课时哭，但需要举手告知老师，申请离开教室。这样既可以表达情绪，不压抑自己，也不会影响其他同学上课。孩子也可以上课时不哭，忍到下课后再哭，再表达情绪。

这里没有对错，没有是否应该，没有标准答案，有的只是根据当下的实际情况和自身情况做出选择。

孩子表达感受，妈妈看不见

孩子表达感受，妈妈听不见

上海 5 岁孩子的家长：这几天晚上孩子睡得不好，好像总在做梦，只有到清晨才能睡安稳。孩子一直跟我睡，他爸爸单独睡。半夜孩子会把爸爸叫到屋里陪自己睡，但还是睡不踏实。我一直轻轻拍他，效果也不佳。

孩子连续两个晚上睡前跟我哭闹，说是大床前面的小床上放了太多东西，他不喜欢；他不想盖被子和穿小内裤睡觉，或者不想穿紧身秋裤睡觉。我拒绝了他的要求，我不知道这会不会影响他的睡眠。我也要崩溃了，晚上总是睡不好。

海夫人：孩子直接表达了感受，比如不喜欢大床前面的小床上放太多东西，不想盖被子，不想穿小内裤睡觉，不想穿紧身秋裤睡觉。其实孩子是很棒的，他的边界意识清晰，有界限感，然而很可惜，孩子遇到了一个活在头脑里的"空心"妈妈，即孩子的表达无法得到回应。孩子已经尽量表达了自己的感受，只是这些表达全部被妈妈拒绝接受了。

养育的本质是让自己越来越好，让孩子越来越好、越来越强大、越来越独立、越来越有能力，而不是让孩子越来越有依赖性。无论这个依赖是对人、物还是其他什么。

爱的本质也是如此，无论对自己的爱还是对他人的爱，爱都要起到滋养的作用。这样我们才会更好。如果"爱"成了一种破坏或一种伤害，那肯定是因为"爱"中没了界限，头脑中的"小我"介入太多，削弱了心的辨识能力，左右了爱的行为。

孩子表达感受，妈妈看不见

雪：海夫人，你好！我的孩子自从上了小学三年级，每天放学都说累，不想写作业，他说自己在学校度日如年。有时候早上刚醒，他就说累，这正常吗？二年级时他的这种情况没有这么明显，你遇到过这种情况的孩子吗？

海夫人：大家对这条信息是不是并不陌生，甚至会有点熟悉？很多时候孩子表达感受，家长却看不见，为什么会这样呢？

孩子说在学校度日如年，是真实的身体和心理感受，可能因为不喜欢学习，也可能因为晚上睡眠质量不好。既然孩子表达了，那他就是渴望有人听见、有人帮助、有人回应的，否则他发出来的信息就会进入放空的状态，这种状态也就是无回应。无回应，意味着内心陷入沙漠地带，满目荒凉。而孩子频繁表达的初衷就是呈现问题，孩子其实在求救，希望早点获得家长的帮助，希望情况早日得到改善。

家长为什么没有看见孩子？

因为当孩子表达真实感受时，家长头脑里的评判程序自动跳了出来，家长想的是"这孩子是不是有点不正常"。家长头脑里这种自动生成的评判程序模式，要比家长内心的意识和觉察更快。评判一出，家长就无法"看见"孩子了。而看见才是爱，没看见，家长的头脑里会很快自动跳出后面的程序——讲道理，管控。

孩子表达，看见、接纳、允许

豆豆妈妈：海夫人，你好。我的孩子现在 4 岁，刚上幼儿园一个月，每天晚上睡前或睡着后醒来，都会重复问一句话："我可不可以过几天再上幼儿园？"最开始，他只是不想在幼儿园睡午觉，我对他说："你可以不睡午觉，看会儿书，保持安静就好。"过了段时间，他又说不想去幼儿园，因为想妈妈，我实在不知道怎样开导孩子了。现在他已经上了一个月的幼儿园，每天放学时也很开心，但是玩一会儿又开始问"可不可以不去幼儿园"。

海夫人：孩子为何会每天重复表达？这是因为家长对孩子直接的表达视而不见，家长没有真正看见、接纳和允许孩子表达。

家长内心并未真正接纳孩子当下的状态，不想听到孩子说"不想去幼儿园"这样的话，家长有抵触的情绪和心理，孩子才会反复表达。孩子只是渴望家长能够看见然后回应自己。看见才是爱，回应就是连接，表示"我看见你了，我爱你，我在意你"。

孩子问："我可不可以过几天再上幼儿园？"

妈妈可以根据自身实际情况来回答，如果妈妈是全职妈妈，愿意让孩子回家休息几天再上幼儿园，妈妈可以很自然的回答："如果宝贝想这样，当然是可以的；如果妈妈需要上班，那就明确告知孩子："妈妈要上班，没法在家里陪宝贝，所以宝贝要去上幼儿园，幼儿园有老师，有其他的小朋友和宝贝做伴。"

因为家长的内心排斥孩子的表现，所以才会对孩子反复问"我可不可以不上幼儿园"避而不应。

孩子的反复表达引起了妈妈的焦虑和慌乱。妈妈想到的是如何开导孩子，如何让孩子不这样说。归根结底，妈妈还是希望掌控并改变孩子，而不是接纳孩子想要和家长连接的信息或能量。

看见孩子，接纳孩子，然后及时回应。看见才是爱。

家长想开导什么呢？家长是想开导还是想阻止孩子产生想法？看明白这个，家长就能觉察到自己潜意识里的内容。

让我们来看看其他家长的经验。

湖南大宝妈妈：其实，我和这位妈妈遇到了同样的情况。近两个月来，我家小宝每天早上都会对我一遍又一遍地说"今天不想去幼儿园"，

我就一遍又一遍地回应他："哦，宝宝不想去幼儿园，其实好多小朋友都不想去。"

我发现，我一遍又一遍地回应后，他又会主动问我："妈妈几点了？不会迟到吧！"这证明孩子有时不是非让你来解决问题，他其实只是在"诉苦"。他遇到了某些困难，有些困难也许他自己慢慢就解决了，有些困难也许需要我们帮他解决。

两个月来，他虽然天天讲不想去幼儿园，但实际上只有两天没去，还是因为感冒了，我主动给他请假了。除了天天讲不想去幼儿园，他还在去幼儿园的路上反复和我说："妈妈，放学后早点儿来接我，一定、一定啊。"我也是一遍又一遍地回应："好的，一定早点来。"我会说到做到。

我知道这是孩子在修复一些婴儿时期的问题，我很庆幸自己知道这些（从大宝的抽动症问题中汲取了经验教训），也很感谢孩子给我修正的好机会。虽然有时我做得不是很好，但是我知道我会做得越来越好。

河南6岁男孩的家长：你以为他会永远问下去吗？我儿子三四岁时，每天重复问我上百次："我是黑猫警长，妈妈你说我是不是黑猫警长？"。我只好不厌其烦地回应："是！你是黑猫警长。"这就行了，就这么简单！一两周后这件事就过去了。

海夫人：看见、接纳、允许，然后及时回应，就这么简单！

看见才是爱，什么是看见？所谓看见，就是看见孩子行为背后的情绪表达和内心需求。看见孩子，接纳真实的孩子，然后及时回应，这个过程就是表达爱的过程，这个过程就是爱在流动的过程。

如果孩子表达感受，妈妈却看不见，自然不会回应。回应是光，无回应就是黑暗。在无回应时孩子投射出去的能量会被黑暗遮蔽而无法流动。

自虐和他虐是如何开始的

失去界限导致的侵害和自我侵害

以前，我经常明明已经吃饱了，但是只要碗里还有饭菜，我就继续吃，因为这时我头脑里有一个"全部吃掉，不要浪费"的声音。这个声音来自哪里？来自我的父母。

我父亲小时候很可怜，吃不饱，穿不暖，过年也要出去要饭，不然就会饿肚子，所以父亲把食物看得特别重。他在我小时候念叨最多的一句话就是："别浪费食物，碗里的东西都吃掉，浪费粮食可耻。"当然，很多时候是爸爸吃掉我们碗里剩下的饭菜。

我在婴儿期离开父母，三岁才回到父母身边。父母对于年幼的我来说是陌生的，我害怕又紧张，所以对父母言听计从。

我体质弱，饭量本就不大，但我碗里的饭偏偏很多，所以经常会吃得特别饱或吃撑。后来，十几岁开始，我的胃便不大好。

我一直不知道自己在吃东西上有一种自虐倾向。

长大后，我持续努力地自我成长和自我修复，我已经知道主动去觉察和看见自己，倾听自己。

有一次，我又吃撑了，我似乎能清晰地听到我的胃对我说："不要继续虐待我了！不要继续自虐了！"

在那个当下，我突然如醍醐灌顶，原来我一直在自我折磨，后天头脑中的"小我"成功引诱我进入后天头脑思维模式的脑神经回路，自虐便由此而来。这就是身心分离的真实境况，身体会被残忍对待。

当父母没有和自身连接，而是时刻与孩子共生且没有界限意识时，父母对孩子的"虐待"便时刻发生着。父母会听命于自己头脑里的那个声音，遵照头脑里的标准，而非当下的事实。

孩子会在父母以"爱"为名的头脑标准、外界标准下与自己的真实感受、体会分离，最终活在身心分离的切割状态中，生活在充满纠结、矛盾、犹豫和痛苦的状态中，然而孩子也不明白为何就这样了。

孩子已经吃饱了、不想吃了，家长会说："吃这么少怎么行，你长身体呢！要多吃，这样才长得高、长得壮。"孩子哭着说不想吃了，家长于是便强制孩子吃。

家长如此对待孩子，时间久了，孩子无法连接自身真实的需求，即想吃什么以及吃多少。孩子只能听命于家长。家长怎么能知道孩子的身体感受呢？他们只是通过头脑想象来判断孩子该吃多少。

日复一日，孩子在吃饭这个问题上便会被洗脑，彻底断开和自身真实的连接。即便已经饱了他也继续吃，因为头脑告诉他吃这么多不够，要继续吃。最后，身体出了问题。

难道只是胃出问题这么简单吗？不是！

身心长期无法同步，是会令人困惑且痛苦的。当一个孩子每次听从头脑的指令吃多时，他是无法理解自己为何会这样的。胃痛的痛苦会让他自责、难受，但是下一次，他还是会自动跟着头脑思维模式的脑神经回路走。

这种情况如何化解呢？

每次相同的情形出现时，你都要保持自我觉察和看见，看到那个头脑思维模式主导的脑神经回路的路径，看到那个会反复出现的剧情，这样才能慢慢通过自身觉知力，获得属于自己的心理空间。有了心理空间才有转换的余地，心理空间打造的就是脑神经回路主导的剧情（幻境）和当下事实之间的界限。而有了这个界限，你就不会无法区分，也不会像程序一样只是跟着剧情模式走。你能活在当下，活成自己。

妈妈以孩子为中心

"头脑控"的痛苦

顺顺：一直以来，孩子都在我的安排下生活，包括什么时间睡觉、什么时间起床、什么时间学习、什么时间玩游戏等。如果孩子没有按我的要求做，我就会催促孩子。这导致孩子在本该放松玩时，也不能完全放松。

孩子总会说："妈妈，我再玩会儿，马上就去学习，你不要催我了。"孩子即使在玩儿，内心也充满了不安，她一直处于压抑的状态。

我和孩子之间没有界限，总想掌控孩子的一切，认为这才是对孩子负责，这才是爱孩子。

如今，我为我的错爱付出了代价。

我咨询后，和孩子进行了一次短暂的聊天。我告诉她，以后一切属于她的事情，她都可以自己安排，我不再催促、管控她。孩子听了有点不以为意，因为她以前也听过类似的话，可是我没有持续地真正做到。

我不再要求她几点睡觉、几点起床，我离开家去做自己喜欢的事。我走时很担心，可事实上孩子做得比我想象的好。

晚上到了该睡觉的时间，我又像往常一样，开始担心孩子是不是该睡了，但我还是控制住了自己。我告诉自己继续做自己的事，但是内心真的很煎熬。我不断告诫自己，再坚持一会儿，一定不可以催促。其实孩子也没有像我想象的那样光顾着玩而不睡觉，她也就多玩了三四十分钟就自己睡了。

没有催促就没有各种管控，不过孩子还是会习惯性地说："妈妈，我马上就好。"我告诉她："以后再也不用担心妈妈催促，妈妈再也不会这样做，你的事情你自己做主。你也可以监督妈妈。"

改变是真的痛苦，我虽然知道不能继续像原来那样安排、管控孩子，但是实际上并不能真的做到。每次我控制自己不去安排、管控孩子的时候，都像热锅上的蚂蚁，坐立难安……

这是一个家长咨询后的心得体会，这个咨询心得是我让家长写的。

咨询时我告知家长，咨询后家长一定要写一个咨询心得，对照我给出的建议，以此引导自己看到的自己反思和反省。

痛苦的真正原因并非爱

家长非常详细地描述了自己的感受，痛苦的真正原因并非爱，而是后天头脑中"小我"的抓取。"小我"想继续掌控家长，让她按原来的剧情行动。

家长已经知道过去对孩子的管控是错误的，知道后想改变自己却如热锅上的蚂蚁，有些慌乱。家长还是咨询后才认识到问题而改变的。谁痛苦谁改变，谁改变谁受益。

后天头脑中的"小我"抓取了家长，想让家长继续按原来的剧情模式走，这个时候家长是痛苦的，正如她的感慨："改变是真的痛苦。"这种痛苦并非来自爱，而是来自没有按原来的脑神经回路、原来的思维模式剧情走而产生的抓狂感和焦虑。

爱的痛苦和后天头脑中"小我"带来的难过（"头脑控"的痛苦）是有区别的。

真正看见才是爱。当能够看见孩子时，家长会因懂得孩子而慈悲，会接纳、允许，同时做出回应。家长会因为爱而疼惜孩子，内心也会痛苦。这个时候的感受是发自内心的，痛苦也是内心情感的流露。

真正能看见的时候，界限自然出现，家长会有清晰的界限意识，知道什么是我的、什么是孩子的，对属于孩子的那部分，会接纳、允许，然后尽可能做出回应。

界限意识的最大特点就是：在那个当下，我们只能做自己，在自己的能力范围内尽可能帮助、引导他人，而不是改变他人。

"头脑控"的抓取，会让家长后天头脑中的"小我"根据思维模式剧情的发展，步步围绕着自己的想法。在被"头脑控"抓取的那一刻，界限就消失了。如果没有自我觉察和看见，家长根本不知道自己已然陷入头脑想象（头脑剧情），也不会面对当下的事实。

我举一个具体的例子。

孩子怕感应灯。家长认为这只是一个感应灯，不具有危害性。家长需要知道怎样解释才能让孩子不害怕。

于是，家长不断解释、说明、讲道理，围绕的始终都是家长最初的想法：这只是一个感应灯、一件物品，它不会动，不具有危害性，有什么可害怕的。

家长没有去了解孩子为何怕感应灯，什么原因导致孩子将感应灯和恐惧、危险联系在一起。

家长只是想把自己的想法强加、灌输或硬塞给孩子。结果就是，无论家长怎样讲道理，孩子依旧害怕感应灯。

家长越说越烦躁，越说越焦虑，再后来家长开始觉得孩子不可理喻。

整个过程家长始终没有看见孩子，他看到和知道的只有自己的想法。

"头脑控"过度抓取时，表面上，看家长也关注孩子，只是这种关注中缺乏界限意识，而且家长真正关注的是自己的想法和标准，并非当下孩子真实的感受。这让家长也"痛苦"。只是这份痛苦不是来自内心，而是头脑投射作用于身体、情绪导致的连锁反应，其中焦虑、狂躁的成分偏多，不仔细辨别（觉察和看见），家长自己也分不清这份痛苦的来源。家长表达出来的是：孩子这样，我很痛苦。其实真正的情况是：孩子这样，我受不了（焦虑、狂躁）。

　　人最真实、自然的状态就是活在当下，而且当下怎样都可以。成为后天头脑中"小我"的奴隶后，人容易进入模式化、程序化、公式化状态，具体表现就是刻板，即只能这样，不能那样。如果现实情况不符合模式化标准，人很快会进入焦虑甚至狂躁状态。

第六章

有界限才有担当

答应给女儿买游戏机，但是太贵了

让我们看看"青鱼"的一篇文章。

之前看见一个截图，上面的内容是一位妈妈的描述：

"我答应我女儿，考试成绩到一定的分数线就给她买朝思暮想的'任天堂'，可是没人告诉我'任天堂'那么贵。现在母女关系已经水深火热了，她两天不理我了，我也不敢动怒，毕竟她考过了分数线，而我又不想拿钱买。"

评论区有人问"任天堂"是什么，当得知指的是任天堂品牌的游戏机时，表示：

"那我觉得，考多好，都不能给她买！"

"对，不是钱的问题！"

…………

我仔细看了几遍，确定没看错，有些不知道该说什么。

女儿考试考得好，妈妈答应有奖励，这都正常。妈妈觉得游戏机太贵，于是不想买了。

看懂了吗？问题不出在这是个游戏机上，也不出在它太贵上，而是出在这位妈妈信口承诺，然后随意反悔上。

很明显，她在答应女儿时，根本不知道"任天堂"到底是个什么东西，也没打算去了解，换句话说就是没放在心上。

在她心里，这无非是个孩子喜欢的"小玩意"，或许她心里想得更多的是，女儿这么想要，那么这次一定会认真努力，取得好成绩吧。

等到兑现承诺时，她突然发现东西好贵，大吃一惊，于是反悔。

女儿坚持，她甚至还要动怒。

做不到的事就不要轻易承诺，即便你是妈妈，即便她还是个孩子。

这个妈妈在答应时，并没有认真去考虑这件事。在她的潜意识里，孩子的多数要求，妈妈都可以满足，而万一出了一点儿"意外"因此食言，那也没什么大不了的。

意外真就来了。

我继续往下翻看网友的评论。

这次谴责声一片。

大多数人觉得这么做不对：既然做不到，为什么要承诺呢？

"所以我说，曾子杀猪不该是儿童读物。"

如果你对儿女动辄食言，又怎么指望他们能一诺千金？

在他们眼中，承诺将变得毫无分量。

代入那位女儿的角色，这件事真的挺让人难过的。满心期待，成了一场空，而原因是"妈妈突然发现它很贵"。

对妈妈来说，如果价格真的难以负担，也可以和女儿沟通。

她要先为自己草率的承诺真诚地道歉，解释不买的原因，并提出令女儿满意的补偿。这样，虽然结果仍是食言，但不再是妈妈单方面的决定，而是把自己与孩子放在平等的位置上后做出的。这会让孩子明白，妈妈正在为这件事道歉，这种情况不会再次发生。

真正让孩子伤心的是那种轻飘飘的态度："太贵了，我不买，你还想怎么样？"仿佛错的是价格，甚至是孩子自己。

海夫人："答应给女儿买游戏机，但是太贵了"是不是比较经典的桥段？可以说这在大部分家庭经常上演，比如孩子说想养小狗，家长说期末考试考得好就给买，于是家长把孩子养小狗这件事情和学习成绩做交换。

"答应给女儿买游戏机，但是太贵了"，好像还不是这么简单，因为"游戏机"和"贵"都只是让家长不想买的理由。家长并不玩游戏，自然对游戏机的市场价格不了解。另外，家长可能也担心，给孩子买游戏机，孩子会不会在假期玩游戏机玩"疯"了。结果就是，家长说话不算话了，本来答应给女儿买游戏机，现在不买了。

这些在很多家庭里都会上演的桥段，都是界限模糊的表现。

养小狗是养小狗，和成绩无关，不需要牵强地将它们联系在一起。家长需要和孩子沟通的是，家里其他成员是否也赞成养小狗、家里的空间是否够容纳小狗、谁负责喂养小狗、谁负责清洁、谁负责遛狗等。养小狗除了获得陪伴及互动，还要承担责任。养小狗的真实意义就在于和小狗建立情感联系，同时肩负责任。养小狗从头到尾和学习成绩没有任何关系。

游戏机是否能给孩子买及游戏机是否贵和成绩无关，而和家长是否想购买，是否觉得物有所值直接相关。家长想给孩子买就买，觉得贵舍不得买就直接告知孩子，不需要找许多理由。家长要诚实面对孩子，不要进行条件交换。

没有界限意识的状态会带来的最糟糕的行为就是经常把简单的事情复杂化。

在我们的家庭养育和亲子关系中，总有许多条件交换。条件交换很容易导致一件事情原本的意义在交换中失去。答应孩子的事情，就不要反悔，言而无信对孩子更不好。

上幼儿园的孩子要求家长每天中午接他回家

上幼儿园的孩子要求家长每天中午接他回家

FF：海夫人，我儿子4岁多，上了一年半幼儿园了。最近他让我中午接他回家，不接他就委屈巴巴地说自己中午想爸爸妈妈。我已经这样每天中午接送半个月了，我不知道这样做对不对。

海夫人：这里有对错吗？这里只有事实和界限，事实是孩子希望中午回家，界限是家长是否愿意这么做。如果家长愿意，那就每天中午高兴地接孩子回家；如果家长不愿意，那就直接告知孩子。告诉孩子妈妈不想这么做，每天中午往返单位和幼儿园让妈妈觉得太辛苦了。

无法自我担当时便会拐弯到对错上

在这件事情里，最忌讳的就是家长一边每天中午接孩子回家，一边内心又不愿意。家长自己内心不愿意，却还要说"我不知道这样做对不对"。家长无法自我担当，自然会把重点拐到对错上。

有界限才有担当，家长没有界限意识就无法担当自己的选择，故而一边做，一边评判。对错来自头脑评判，评判带来伤害。如果家长接下来没有自我觉察和看见，没有反思反省，那便会开始怪孩子、怨孩子了："你这样不对，其他小朋友中午都在幼儿园不回家，为什么你要回家？"最后家长很可能归咎于孩子，认为自己的辛苦是孩子的这个无理要求造成的。

有的孩子在幼儿园中午不睡觉，我儿子以前上幼儿园就是这样。午饭过后，幼儿园是要求集体午睡的，如果有个别小朋友不午睡，老师会比较辛苦，一是老师也无法午睡；二是影响其他小朋友午睡。

因为没午睡，幼儿园老师可能会批评孩子。孩子年龄小，一般都会害怕。这个时候孩子自然会求助于爸爸妈妈，要求爸爸妈妈中午接自己回家。

这个家长并未去了解孩子中午要回家的具体原因。中午接送孩子确实辛苦，家长并不想接送，家长在这件事情上界限模糊。有界限才有担当。家长界限模糊时也就不知道具体该担当什么，所以家长就把问题的重点拐到对错上。家长会对自己的行为感到犹豫：中午到底该不该接孩子回来呢？

另外，孩子在幼儿园不午休，家长可以和老师、孩子商量：中午不午休可以，但是也不要打扰老师和其他小朋友午休。老师和其他小朋友可以在大房间午休，孩子自己在教室里画画、玩积木等，做一些一个人能做的安静游戏。只要孩子不打扰老师和其他小朋友午休，老师就不会生气，也不会批评孩子；孩子自然不会觉得委屈，自然不会抗拒中午待在幼儿园。

孩子每天闹着不上幼儿园

孩子闹着不上幼儿园，是否迁就

小羊：海夫人，你好！小孩这段时间闹着不上幼儿园，迁就了他几天后，他闹得更厉害。现在我们想拉他出门都拉不动，我们好苦恼，说道理他也不听，打也不是，骂也不是。

海夫人：你们有倾听孩子吗？

小羊：有的，但是他就说不想去，还要中午接他回来睡觉。我们已经接了一个星期了，不能长期这样迁就下去吧？

海夫人：如果你们中午特别忙，确实没办法接孩子回来午睡，那么直接告知孩子。如果你们中午有时间，可以接孩子回来午睡，那就愉快地接孩子回来。

活在事实里，活在当下，孩子的要求不过分啊！

这里没有什么迁就，只有事实，看家长是否愿意接受。如果家长不愿意就直接告知，而不是像现在这样：表面应付孩子，实际内心很不愿意；不愿意还不直接表达，却在背后评判孩子。

家长自身没有界限意识，分不清当下事实和头脑想象的内容。当下的事实就是孩子中午想回来睡午觉，这是孩子的想法和意愿，那么家长的想法和意愿是什么？家长没有直接表达，每天都很不情愿地接孩子回来，然后在内心里评判孩子。

成年人自己分不清界限，却让孩子背锅。家长这样做投射出的信息就是："我都这么迁就你了，你怎么还这样呢？你怎么能一直这样呢？"

成年人活在头脑标准里，没有活在当下

这本是一件非常简单的事情，但成年人没有界限意识却想要完美地解决。他们没有活在当下，导致简单的事情变复杂了。

孩子刚开始闹着不上幼儿园，家长问什么原因，孩子说不想在幼儿园睡午觉，要家长每天中午接回家，家长和孩子之间的沟通就到这里终止了。家长没有继续问孩子为何不想在幼儿园午睡，而是开始中午接孩子回家午睡，接了一周，家长自己就受不了了，开始把事情引到对错上。

当人进入头脑标准，把一件事情引到对错上时，这件事情的意义基本就被掩盖了，头脑会放出许多烟雾弹，让人眼花缭乱。

这件事情的真实意义是：孩子在幼儿园遇到了一点儿困难或者障碍，孩子感到不愉快，且自身没有能力应对，导致孩子出现了退缩心理。"我

面对不了,我不喜欢,那我就不去好了。"这本可以成为家长看见孩子,在看见的过程和孩子沟通、交流,给孩子支持并引导孩子面对困境的过程。在这个过程中,孩子会因面对了困难而获得成长。家长对孩子及时看见、接纳、允许而后回应,家长用爱帮助并滋养了孩子。家长和孩子共同连接和互动的过程让彼此的感情更深,让亲子关系更好。

孩子动不动就要离家出走

孩子动不动要离家出走

喜鸟：海夫人，现在小孩真的很聪明，稍微大声点说他，他就开始哭，抱着头全身抖动，还动不动就要离家出走。家长不敢对他发脾气，讲道理他又不听。家长应该怎么做呢？

海夫人：这个孩子不是聪明，而是比较敏感。敏感的人遇到事情的情绪表现和内心反应本来就比较丰富。作为一个敏感的人，孩子有这样的表现和反应是正常的。只是家长可能并不这样认为，家长可能觉得，"说两句怎么了，至于吗？男孩子，动不动就哭，真受不了"。

没有界限意识带来的"爱无力"

家长在这个描述里模糊了两种情况：一是情绪表现，二是行为表现。

"稍微大声点说他，他就开始哭，抱着头全身抖动，还动不动要离家出走……"这是情绪表现。情绪没有对错之分，情绪就是用来表达的，情绪需要被看见，而不是被评判。家长在孩子开始哭时并没有看见真实的孩子，而是第一时间陷入了后天头脑的评判标准。稍微大声点说他，他就哭，这至于吗？家长会有这种疑问，就是因为没有看见，那么自然无法接纳。在不接纳的情况下，家长从身体语言、情绪应对、内心感受角度都在排斥孩子，这个是无法伪装的。家长不接纳孩子的情绪，自然会排斥它并传递厌烦的情绪。这个时候孩子的情绪表现无法被引导，更不可能被接纳，孩子只能自己单方面表达。

孩子用哭表达了情绪，而展现的行为是抱头全身抖动。孩子的行为明显让家长不满意。

家长在这种情况下，没有先面对孩子的情绪，没有和孩子产生情感连接，没有接纳孩子的情绪，也没有充分允许孩子释放情绪。家长虽然并没有粗暴干涉或管控孩子的情绪，但是对孩子的情绪表现出了厌烦、无奈和排斥。家长也没有面对孩子的行为，而家长自己还很委屈。

单方面地讲道理不如进行双向沟通

家长希望通过讲道理获得什么效果呢？家长随意批评孩子，孩子没有反应，也不哭，这就能证明家长是对的，孩子是错的？这个讲道理获得的效果有什么实际作用吗？家长启发和引导孩子面对当下的具体事情了吗？家长看见孩子，和孩子之间有了真实、深入的了解和连接吗？

家长对孩子讲道理没有起到任何有实质性的作用和效果。讲道理满足的只是家长的自恋。"看，我在教育孩子呢！我这个道理讲得多好！我多有分寸、多有礼貌，我每次都通过讲道理教育孩子！"

家长只需要区分情绪事实和行为事实，先面对情绪，再面对当下具体的事情。对情绪，家长看见、接纳、允许，然后尽可能回应；对当下具体的事情，家长先倾听孩子的表达，让孩子充分表达自己的感受、体会和想法后，家长再表达。家长不应采取一副高高在上的姿态，而应直接表达自己的观点、体会和感受。沟通是双向的，讲道理是单向的。双向的沟通和交流才能让家长和孩子看见彼此，这个过程中才存在有实质性的链接，才有爱。

沟通和交流的过程是有界限的，即我表达了自己的观点、体会和感受，不表示你要听我的，你了解我的观点、体会和感受后可以有自己的选择。

许多家长还没开始讲道理，就先丢了界限。家长希望一讲道理，孩子就听话。家长讲道理的目的就是让孩子听话，让孩子服从。

家长没有界限意识，又高度自恋（我没错，是孩子的错，孩子怎么能这样）。他们让孩子崩溃，却没有自我觉察和看见，只会向外找原因。他们看到的都是问题，而且都是孩子的问题。

什么是接纳情绪？是否要无限满足孩子

山东5岁男孩的家长：我一直不明白怎么去接纳孩子的情绪。孩子买东西没节制，我怎么接纳？我要一直给他买吗？海夫人的书上也说不能总是给孩子讲道理，最近我尽量改变以前的教育方式，可是不买东西他就闹脾气，还想打我，接纳情绪和宠溺孩子我有点区分不开。

海夫人：这位家长提出了两个问题。第一个问题是：什么是接纳情绪，如何接纳情绪？第二个问题是：孩子买东西没节制，要满足吗？不满足孩子就发脾气，难道一直给孩子买吗？

家长和孩子之间之所以出现这种局面，正是因为在以往的养育中，家长没有界限意识。这个"没有界限意识"分为两部分：一部分是家长和孩子之间的情绪没有界限，孩子一发脾气，家长就慌乱了，家长自身的状态导致他们无法合理有度地面对孩子的情绪，他们要么否定、打压孩子的情绪，要么被孩子的情绪绑架；另一部分是家长对孩子提出的要求无法回应，不知道该满足还是拒绝。家长无法立足当下，有力量地去应对孩子提出的要求，而是重复头脑的评判标准——"一直买东西不好"。

孩子可以有情绪，家长看见、接纳、允许，然后尽可能回应，但家长无须对孩子的情绪负责、为孩子的情绪买单。

家长不需要满足孩子提出的所有要求，可以根据具体情况，给出正确的回应，比如家长就是不想买，那就直接告诉孩子不想买；如果家长不介意给孩子买重复的玩具，又有经济实力，那么家长可以爽快地答应孩子，而不要一边买一边评判孩子"这样真浪费，太不好了"。

孩子的刻板行为

看见孩子，而不是给孩子贴标签

一路阳光：海夫人，您好！不好意思这么晚打扰您，我特别想问您，我儿子（4岁多）的这种行为算不算是强迫行为。这几天他每天都半夜醒来大哭一场，他让我把被褥挪到床边。我按照他说的挪了，他就开始哭，说我动了他的被褥，让我再摆成原来的样子。白天玩玩具也这样，他把玩具车摆沙发上，有时我不小心坐到沙发上，碰到他的玩具车，他就开始号啕大哭，边哭边让我放在和原来一样的位置上。关键是无论我怎么放，他都说不对。无论怎么说、怎么摆，他都说不对，这算不算是强迫行为？海夫人，我该怎么办？

海夫人：孩子半夜醒来大哭有两种原因，一种是身体不舒适，另一种是白天情绪压抑，无法表达不开心，夜晚通过哭来释放。

孩子晚上醒来让挪被子且必须按照他的要求，否则就会哭闹，这一方面是情绪纠结、不痛快的表现；另一方面属于刻板行为，就是要求结果一定如他所说，否则就不行。

孩子之所以出现这种反复哭闹的状况，是因为孩子找不到边界，或者是因为没有边界感带来了惶恐、焦虑和烦躁。这一般和养育者自身界限模糊甚至没有界限意识有关。养育者在面对孩子的过程中经常呈现完美却"虚假"的一面，也就是自己明明不高兴，还要假装高兴；自己明明不想做，为了让孩子满意还是去做了。孩子始终触碰不到真实的养育者，因此孩子烦躁、焦虑、不安。事实、真实感就是界限，有界限才能带来明确的界限意识，会让人内心踏实。

我儿子小时候就是这样，经常无缘由地哭闹，怎样哄都不行，这是身边的养育者没有界限意识造成的。家长整天围着孩子转，一切以孩子为中心，他们呈现的都是虚假的完美家长。

一个真实的家长要比一个虚假的完美家长好很多。真实的妈妈本身就意味着给出边界。家长不陷入自恋幻想，孩子就同样会活在真实里，有界限意识且踏实、稳定。

孩子只是将从环境中、养育者身上、养育方式中感受到的一切反馈出来。家长抓着这些问题去贴标签没有多少实际意义。一味盯着孩子，认为出问题的是孩子，给孩子贴上各种标签，带着孩子四处看医生，或者给孩子进行心理治疗，这些做法就是本末倒置。家长应当从自身的成长开始反思。

养育的本质是家长的自我成长。

　　一路阳光：海夫人，你的回复我看了。确实是这样，我会自己反省，接受孩子的一切。

　　能量比你低的人：怀疑你、否定你、评判你、嫉妒你、攻击你。

　　能量同频的人：喜欢你、肯定你、欣赏你、陪伴你、珍惜你。

　　能量比你高的人：理解你、包容你、守护你、扶持你、成就你。

　　　　　　　　　　　　　　　　　——互联网流传的能量定律

　　该能量定律，也适用于家长对待孩子的情况。家长只有提高自身能量，才不会看到的都是孩子的问题，不满意的都是孩子的举止。

有界限才有尊重

界限意识利于更好地成长，而并非让双方成为陌生人

奔跑的蜗牛：海夫人，您对李雪老师说的"闭嘴，给钱"、不给孩子任何引导、不提醒写作业等观点完全认同吗？

海夫人：李雪老师不是这个意思，李雪老师告诉大家的是分清界限，不要越界。界限意识能让孩子和家长更好地成长，而并非让双方成为陌生人。

"闭嘴"就是该说时才说，"给钱"是指在自己能力范围内满足孩子的需要。家长应该通过言传身教引导孩子，而不应一味地空洞说教。

如果能力不够做不到闭嘴，那么家长就应该在那个当下表达自己的感受、体会和想法，而不应唠唠叨叨、没有界限地乱攀扯。

如果能力不够无法做到"给钱"，那么家长也需要和孩子正面沟通，让孩子了解情况。

当家长自身没有清晰的界限意识，独立的核心自我意识也不强，又没有多少可用的心理空间时，家长和孩子在一起时很容易出现紧密结合（联系）的情况。家长自身没有心理空间，就会直接占用孩子的心理空间，于是"共生"（或寄生）出现，而没有自我觉察和看见的家长，这时是一点儿不知道的（无意识）。

"共生"（或寄生）时，家长会习惯性地把孩子的任何事情都当成自己的事情。他们唠叨、反复提醒，更有甚者直接包办。

家长良好的成长情况、自身的界限意识、独立的心理空间，能够让家长和孩子之间形成界限。家长会明确知道：我是我，孩子是孩子；我虽然可以提醒、告知、教育和引导孩子，但是不能越界包办、不能管控孩子。

越界多数时候属于"妄想"

很多时候越界就是妄想，越界者觉得自己能够改变别人，觉得自己的行为与他人不同，觉得"我做到 A，你就得是 B"。

成长只能属于自己，并不是家长做到 A，孩子就一定得是 B；更不是某个"高人"回答一两个问题，就能解决全部问题。关键是自己是否愿意自我担当，是否愿意成长，而这些和别人无关，只和自身有直接关系。

想要保持自我觉察和看见，需要提高的是觉知能力。觉知能力像无形中的界限尺度，提醒你知道什么是当下事实，什么是剧情。

如果当下你生气了、有情绪，如实表达你的情绪就可以；只要不用自己的情绪绑架他人，不做投射——"都是你不好才惹我生气"，那就没关系。只要分清界限，即便你是个脾气暴躁的人，也不会伤害、影响他人。

一个人成长后，心会变豁达，不那么容易生气。生气、有坏情绪都是当下状态的直接反应，这只能在短时间内被压抑，无法被彻底消灭。不生气并不是伪装，更不是压抑的结果。成长会由内而外显现。

怎样让孩子知道家里条件有限又不压抑他

真正养育孩子的是家长的潜意识

仙人球：海夫人，你好。我家有三个孩子，我丈夫一个人在外面打工，我们的生活很不易。孩子们从小到大都喜欢买东西，现在因为家里条件没有以前好，孩子们要买东西，我就告诉她们"妈妈没钱"，请问这样做会不会让孩子感到压抑？

海夫人：如实告诉孩子真相并不会让孩子感到压抑，也不会伤害孩子，最怕的就是家长以此为由对孩子进行道德绑架，比如对孩子说："家里这么困难，你们怎么还要买？这么不懂事，真是没良心。"

任何时候，陈述事实并不会伤害孩子，而毫无界限意识地情绪绑架或道德绑架孩子，则会伤害亲子关系，导致孩子内心压抑。

所谓大气家长养育大气孩子，这个大气并非指富裕，而是指格局大小。如果家长对孩子的每个行为都不接纳、排斥和不允许，那么孩子内心就像有一个洞，内心有洞的表现可能是对买东西无节制，也可能表现在其他方面。

买东西只是一个表现，说明孩子渴望通过买东西满足某种欲望，或者孩子很喜欢在买东西的过程中获得某种体会。

孩子有欲望不代表家长就需要去满足，但是孩子有需要、情绪表达、想法，家长要看见、接纳、允许，然后尽可能回应。这是一个情感连接的过程，也是家长表达爱的过程。

回应和满足不是等同的。回应表示我看见你了，我接纳你的想法，允许你表达情绪，尽可能回应你，即能满足的就尽量满足，无法满足的就告知你事实。

跟风补课的背后

让我们来看一段对话。

伯康：海夫人，您好。我想送儿子去补习班，他不愿意去，我该怎样和他沟通呢？强迫他去又怕他出问题。之前试听过两天课，他很抵触。

海夫人：孩子不愿意去当然就不去。家长咨询的真正意图是什么呢？是不是怎样无伤害地强迫孩子去？或者怎样和孩子讲道理，说服孩子去补课？

伯康：一个班级里 2/3 以上的人都去补课了。补课已经成为一种风气，感觉孩子不补就会落后于人。我也不愿意逼孩子去补，挺纠结的。

海夫人：那就是你的问题了，和孩子一点儿关系都没有。不能因为班级 2/3 以上的人都去补课，你就要跟风去补课，而不是根据孩子的实际情况做出选择。

如果所有人都去踢墙，我们是不是也得去？为什么要让自己做莫名其妙的事？仅仅因为大多数人都这样，我们就稀里糊涂地跟风去做？

跟风的背后

为了"多数孩子补课，自己的孩子却不愿意补课"而纠结的这位家长，大家是否感到有点熟悉？这位家长的行为就是从众心理的体现，即别人怎样我就要怎样。

跟风、从众有点类似于跟从和模仿：只能是 A，不能是 B；因为大家都是 A，所以我也必须是 A。

为什么会这样？

因为家长那个核心的"我"，那个非常重要的"核心自我"或"主体自我"偏弱，所以家长就像墙头草，以别人的想法为想法，以别人的标准为标准，然后再将它们强加给孩子。

核心自我、主体自我弱的人的关注点总是"别人在干什么，别人怎样了"；自我意识不在自己这儿，自然无法连接自己而立足当下，更无法按当下的真实情况做出选择。

补课应是实际的需要

家长在给孩子选择是否需要补课时，应根据孩子的实际情况做出决定。孩子确实需要且孩子愿意补课时，补课才会有实际作用和效果，否则家长就是一厢情愿，既浪费时间也浪费金钱，而且补课还很有可能没效果。

跟风补课的深层原因

跟风补课的深层原因是一种盲从，也就是用集体意识取代个人主体意识，这是个人规避风险的一种潜意识取向。用集体意识取代个人意识时，即便自己错了，也会有很多人陪同自己，属于自己个人的那份责任和担当基本可以忽略。

用集体意识取代个人主体意识后，个人进入的是集体剧情，这种集体剧情更具催眠作用。

比如这位家长的焦虑是班里 2/3 以上的孩子都补课，这就是集体意识产生的集体剧情效果。如果自己的孩子不补，家长的头脑剧情就会自动延伸出后续剧情："不补怎么行？孩子会跟不上的。"这并非实际情况，而是家长的头脑想象。

家长越是用力参与集体剧情模式的想象，越会脱离当下的实际情况。孩子也许并不需要补课，因为学习的最终目的并不只是获得高分，更重要的是在学习过程中有所收获和进步。

真正有益的学习不但有利于成长，而且是一个过程。这个学习过程可以是在课堂上学习的过程，可以是自我阅读、自我学习的过程，可以是独立思考的过程，也可以是自我玩耍的过程。分数仅仅代表一个方面，对分数执着追求就是看重结果而不看重过程。这就如同亲子教育中的表扬和鼓励，表扬对应结果，鼓励对应过程。看重过程的人会注重体验、感受，其生命因此踏实；而看重结果的人，特别注重结局，比如考试成绩，这样的人更容易走向功利。

看到事实，保持觉察；活在当下，和自身的实际情况连接；拥有独立的核心自我、主体自我，我们才能不盲目跟风。我们要关注当下、活在当下而不是纠结将来，把关注点放在自己这里，而不是放在别人那里。

动机就是你的格局

你做一件事情，背后的动机是什么

亮妈：海夫人，请问当孩子因为某件事闹情绪时，我应该顺着他，还是不顺着他，让他继续发泄？有一次，他回家说同学欺负他，于是就发脾气。当我说同学不应该欺负人时，他的情绪就缓和了一些，请问这样会压制他的情绪释放吗？

海夫人：家长这是想疏导孩子，还是希望孩子释放情绪、不压抑，然后不会因为这件事情出现症状（孩子有抽动症，情绪不好可能导致症状出现），还是想正面引导孩子，让孩子既能正面面对这件事情，又能合理表达情绪？

家长背后的动机是什么？动机就是你的格局，你的动机决定了动机背后相应的行为。

表达情绪本是自然的事情，情绪本身没有对错，只有好的情绪和坏的情绪。

有情绪时当然是把情绪表达出来更好，比如孩子回来，因为和同学闹矛盾有情绪而很不高兴，那么孩子自然需要倾诉和表达。这个时候家长倾听就好，不做任何评论，然后接纳孩子的表现，哪怕这个时候孩子的想法是错的。

此时，家长并不需要在一边助势说别人不对，一边说自己的孩子对。家长不需要评判，评判就是伤害。家长要先面对情绪，再面对事情。情绪没有对错之分，把情绪表达出来就好。

家长并不知道具体情况，听了孩子的一面之词，就评判谁对、谁不对，这是正确的导向教育吗？不是。

家长要看见事实，陈述事实；不评判，不一味地盲目哄着孩子。家长只需要就事论事，表达自己的观点、看法和感受；要让孩子了解事实，而不要推波助澜，不要让孩子陷入关于对错的评判。

习惯用对错衡量标准、评判一切的逻辑是可怕的，也是界限不明确的表现。这种逻辑并不能让孩子从这件事情中获益，反而会引导孩子只关注对错，比如"我对了，你错了，所以你不应该怎样做"。

动机决定你的格局

以缓解症状为出发点做的所有事情，其目的都不是教育孩子。这个时候缓解症状这个"指挥棒"会把家长指挥得服服帖帖、诚惶诚恐。家长只会关心怎样做，孩子才不会出现症状。

比如因为害怕孩子出现症状，有的家长都不敢大声对孩子说话，怕一大声说话，孩子的症状就出现。

家长担心症状出现，于是限制孩子做其他事情，比如孩子跑步后可能会出现症状，家长就不让孩子跑；孩子游泳后可能出现症状，家长就不让孩子游泳；孩子吃了某种食物症状会严重一点儿，家长就不让孩子吃了等。

家长的这种做法是在帮助孩子治疗抽动症吗？不是，抽动症的康复需要的是自身平衡能力的提高，也就是需要孩子在遇到事情后获得进步、成长和提高。

个例中那位家长的做法是顺着孩子的意思说同学不对，他接纳了孩子的情绪，不过孩子虽然暂时消气了，但是在这件事情中并没有收获。

家长的动机是缓解症状，那么他的格局也就只能局限在缓解症状这一点上。当格局只局限在缓解症状这一点上时，教育的本质意义、深度和广度还能有多少外延空间呢？

想一想你做一件事情，背后的动机是什么？动机就是你的格局！